昭和47(1972)年2月　島之内寄席「島之内教会・島之内小劇場」

昭和56(1981)年1月12日紫綬褒章受賞記念祝賀会「ホテルプラザオーサカ」
撮影:後藤清

鶴光の会その14　演目『三十石夢の通い路』　撮影:宮岡里英

鶴光の会その16　演目『宿屋仇』
撮影:宮岡里英

笑福亭鶴光一門（後列左）希光、和光、竹三、ちづ光、里光、学光、茶光
（前列左）羽光、鶴光

六代目松鶴逸話
「鶴光、何さらしてけつかんねん！」

笑福亭鶴光

はじめに——往復ハガキで弟子入り志願

私は中学生の頃から、噺家になりたくて、自分なりに独学で落語を覚え、定時制高校一年のとき、毎日放送の演芸番組『素人名人会』に出演、『寄合酒』で名人賞を受賞しました。この番組は長い歴史の中で数々のスターを輩出し、私以外だと桂三枝（現・六代目桂文枝）、オール阪神・巨人、海原千里・万里（千里は現・上沼恵美子）などが名人賞を受賞しています。その際に高校一年生で賞金一万円と高級ズボンの引き換え券をもらえてうれしかったことは、いまでもはっきり覚えています。その後も、いくつかのオーディション番組に出演して賞をいただいたこともあり、高校卒業と同時に落語を一生の仕事にと考えるようになりました。

もっとも、高校の同窓生に（故）林家小染さんがおりましたので、その影響もあったかもわかりません。彼は高校を一年で中退して、三代目林家染丸師匠に入門。

彼からは「卒業したら、林家一門に来い」と誘われたんですが、自分は自分の道を行きたいと断りました。となると、だれか落語家に弟子入りしなければなりません。

さて誰を選ぼうか？　その当時（昭和四十二年）上方落語家は二十人おりましたかな？

今や三百人に迫る勢いですが、会長が三代目林家染丸、その下に松鶴、米朝、春団治、小文枝（後の五代目文枝）――いわゆる上方落語を現在にまで発展させた「四天王」と呼ばれる師匠方。

いろいろ悩んだ末に、私が選んだのは六代目笑福亭松鶴。何か名前に重みがあって格好ええ、今から考えたら単純な発想でしたな。

どうやって申し込んだらよいのかわからんので、そこで思いついたのが往復ハガキ。

「弟子にするなら○しないなら×返事ください」

この思いつきも、今考えれば赤面の至り。まあ、それだけ純真というか必死だったんですな。今はネットの社会やから、どの師匠が厳しいか、優しいか、そんな情報で入門しようとする邪《よこしま》な輩《やから》がおる。そういうのはタレント志望か、いずれ廃業という道を歩み、落語道を全うする人はまずおらん。

だからインタビューで「尊敬する芸能人は？」に対する答えに「藤山寛美さん」と言うた奴がおる。それはそれでええのやが、そこで「師匠を除いては○○」と何故言えないのか？

もっとひどいのは、他の噺家の名前を出す奴。こんなのは言語道断。まぁ往復ハガキで入門を申し込む私だから、あんまり他人のことは言えんかも……。

話を元に戻しますが、往復ハガキの返事が待てど暮らせど来ない。しびれを切らして師匠の家を訪ねて行ったら、奥様が出てらっしゃって、

「今日は道頓堀の角座に出てるから、そこへ行きなさい」

そのまま「角座」に行って、楽屋で面会を申し込んだら、不機嫌な顔で師匠が出てきました。

〈あ〜、やっぱり往復ハガキで申し込んだのが原因で、怒ってはるのかな?〉

と思うたら、そうやなかった。

師匠の名前は笑福亭松鶴。それなのに、私はハガキに「笑」という字を「松」と書いて出したらしい。これも「しょう」と読めるからね。

松福亭松鶴。

これが気に入らなかったんやな。師匠が初めて口を開きました。

「お前な、将来の人生の師匠にでも選ぼうかという人の名前を普通、間違うか? 失礼極まりのない奴や。帰れ」

〈うわぁ、しくじった〉

と思うて、仕方なく帰ろうとすると……。

そこへ『松鶴独演会』のチラシを持った業者が来ました。そのチラシを見たら、そこに印刷されていたのは、

『松福亭松鶴独演会』

あまりの偶然に驚いて、師匠の方をうかがいました。

このときの師匠の顔は、一生忘れません。私の方をちらっと見ると、不承不承だったんでしょうが、なんともバツの悪そうな顔をした師匠から思いがけない言葉が……。

「チラシを作った業者のプロが間違うんやから、素人が間違うても仕方ない。これも何かの縁や。明日からおいで」

やったー　入門を許された！　もう飛び上がらんばかりの嬉しさでした。

こうして松鶴一門の弟子となったわけです。入門してから知ったのですが、師匠は「来る者は拒まず、去る者は追わず」で弟子を受け入れていました……。

もちろん、入門してからは大変でした。たくさんの弟子が入門しましたが、稽古が厳しくて途中でやめていった弟子も多く、最終的に残った直接の弟子は二十二人でした。

現在は、一番弟子の仁鶴兄さんが亡くなったこともあり、筆頭弟子となった私がそばで見てきた師匠の逸話をよりすぐってお届けしたいと思います。なかには、私が聞いた話も入っていますので、実話かどうか自信がないエピソードもありますが、大目に見てやってください。

目次

編集：梶原秀夫（株式会社ノアズブックス）
装丁：安田清伸
協力：松竹芸能株式会社／藤川陽子（寄席つむぎ）
写真提供：後藤清・宮岡里英・大西二士男

第一章
三十歳上の師匠に入門

私一人のための高座

「ちょっと待て。わしの高座を聞いていき」

入門を許された私が帰ろうとすると、師匠から思いがけない言葉が返ってきました。嬉しさが倍増して、楽屋から客席に行くと、もう超満員。

「角座」というのは、江戸時代に「角の芝居」と呼ばれていた芝居小屋でした。一九六〇年~七〇年代には、上方演芸の殿堂として栄えており、八百八十人も入るマンモス寄席。まぁ寄席というよりも、演芸場でんな。

大阪は漫才が主体ですから、落語は一本か二本。

次から次へ出てくる漫才、扇子で頭を叩く者、客をいじり倒す者、そして音楽ショー、浪曲ショー。

そのなかでも特に話術を楽しめたのが、夢路いとし、喜味こいしさんの漫才。余談になりますが、後にこのお二人は大阪市指定無形文化財を受け、『上方漫才の宝』と呼ばれるようになりました。さもありなんと感じたものです。

東京はトリの前をひざ、その前がひざ前と呼びますが、大阪はトリの前がもたれ、その前がしばりで、この場所が上方落語の最高の位置とされております。ちなみに、東京では中入りの後はくいつきと言って、二つ目の噺家もしくは若手真打が上がります。大阪はかぶりと言って、奇術師が出るのが常套《じょうとう》。

これはどういうことかというと、東京の寄席と違い、大阪は人数が多いので休憩時間内にトイレから帰って来られないから、聞くものよりも見るものという考え方かも。東京の寄席とは逆で、大阪では落語は色物扱い。

入門したての頃のこと——。

ある漫才師に、

「師匠、悔しかったら落語家で客入れて見なはれ」

と言われ、悔しそうな顔をした師匠が未だに忘れられません。

そのときに、後で話しますが、島之内教会を借りて漫才に頼らない落語の定席を作る決意をしたみたいですな。

お客さんも漫才ファンばかり。落語好きは落語会や特定の噺家の独演会、一門会などに行くので、「角座」では噺はほとんど聞いてくれない。座布団が敷かれ噺家が出てきただけで、如実に嫌な顔をしたり、便所に行ったり、売店にお菓子を買いに行ったり、あくびをしたり……ザワザワザワ〜。

だから、やるネタも決まってくる。松鶴師匠はいつ行っても『相撲場風景』。一升瓶におしっこをするという、まぁ下品な噺。私は一度、「新宿末廣亭」でやったら、お客様に「汚いなぁ」と言われました。この一言で二度とやらなくなりました。松鶴の出囃子『舟行き』で高座に出た師匠は、

「このお話は、大阪は大川町」

十八番の『高津の富』です。三十分みっちりやるも、満員の客席は無反応。つまり、目の前のお客様ではなく、私一人のために演じてくれはった。

〝落語というものは笑わすだけと違うねんぞ〟という魂を、高座から落語を通して教えてくれはったんですな。

後になって知ったのですが、三代目桂米朝師匠の名言があります。

「この噺はこれから何辺でも聞く機会があるやろ。けど、この噺家のこの噺は二度と聞けないという気持ちで聞きなさい」

松鶴師匠の『高津の富』を聞いて、この人に自分の人生を預けてみよう、と心の中の自分にそっと語りかけました。

通い弟子での修行は約四年間

昭和四十二（一九六七）年四月一日――。友達は大学に行ったり、就職したりしていたころ、私の落語家としての第一歩は、桜満開の季節から始まりました。

弟子には内弟子と通い弟子があり、内弟子は師匠と寝食を共に、通い弟子は自宅から通い、決められた時間に師匠の自宅に行き、その日の師匠の用事が終わると自分の家に帰ります。修行期間は両方とも四年間。

私は通い弟子でしたので、朝八時に行くと、師匠が起きてお茶を飲んでらっしゃいました。布団を片付けて、部屋の掃除。師匠の朝ご飯の支度。前の晩すき焼きだったのでしょう、その残りにエビの天ぷら二匹を入れて、それをおかずに大きな茶碗で二杯。すごい食欲。終わると一息入れて、いよいよ落語の稽古。

うちの師匠はどんなに寒くても、浴衣を着て、それも上半身は裸。前にガラス製の大きな灰皿。イライラしてくると、その灰皿を掴んでカタカタ言わせる。あの灰皿がいずれは飛んで来るのやないか、と常にビクビクしたもんです。

東京は『寿限無』、上方落語は『東の旅発端』が最初に教えてもらう噺です。

「ようやく上がりました私が、初席一番叟《いちばんそう》でございまして、おあと二番叟に三番叟、四番叟に五番叟……」

これは口さばきと申しまして、滑舌《かつぜつ》を良くし大きな声を出す練習。まぁ早口言葉のようなもの。意味不明の呪文のような文句を大声でしゃべります。これが修行のひとつ。

弟子入りしたその日から、師匠は稽古をつけてくれました。

「三辺稽古」と言いまして、ひとつの噺を三回に分けてしゃべって、それで終い。覚えられなければ取り残されてしまいます。まず一通り五分くらいしゃべってくれるので、一回目で粗筋を覚える。そして二回目で細かく、三回目で仕草を飲み込む。

これが無理と思うでしょうが、人間の脳というのは不思議なもので、真剣に聞いてると覚えられるもの。

三回稽古が終わるとすぐに、師匠が言う。

「おい、犬連れて、散歩行ってこい」

松鶴師匠の家には犬が二匹おりました。私の聞いたところでは、俗曲の名人の柳家三亀松師匠からいただいた狆《ちん》という種類のメスとオス。名前は、チャッピーとぺぺ。

お昼ごはんは奥さんと弟子のみでいただく。なぜか、奥さんのあ～ちゃんは肉うどんが好きで、ほとんど昼食は、弟子が肉うどんを作ります。

ただし、肉は弟子が食べられない。うどんだけ。というのも、食卓の周りに必ず二匹の犬が、我々の昼飯の匂いを嗅ぎつけて集まってくるからです。すると、あ～ちゃんが、

「犬に肉やってや」

私は仕方なく、肉を自分の口に入れて冷まして、犬の口へ。私は、肉の香りを楽しむだけ。みんなの思いは一緒。稼げるようになったら、肉うどんが食いたい。これが一門の修業時代の夢でした。


稽古が終わった後、この二匹の犬を連れて散歩に行きながら、覚えたてのネタを繰り返すのが日課。教えてもらった噺を歩きながらぶつぶつ、ぶつぶつ。近所の人は、へんな若者と思ったことでしょう。でも、ここで落語を繰り返せるようにという師匠の配慮。こうしないと忘れてしまうからね。そして家に帰ったら、師匠の前で覚えたばかりの噺をやるわけです。師匠の前にある大きな灰皿ですぐにも頭をなぐられるんじゃないかと、噺をしながらもそればかりが気になっていました。

稽古は、師匠が家にいるときは毎日。嬉しいことですが、次から次へと新しい噺になる

もんですから、こちらはただただ、噺を覚えるのに必死でした。

師匠の前で噺のおさらいをして、ちょっとでもとちったりすると、もう大変です。

「違う！　あほんだら！　ボケ！　もう去《い》ね！」

灰皿をテーブルにたたきつけ、顔を真っ赤にした師匠の怒声が部屋中に響き渡る。震えあがったのは私だけでなく、弟弟子たちもみな、そうだったと言います。


そして寄席のあるときは、荷物を持って師匠に付いて行きます。楽屋では師匠の用事やその他の雑用をいろいろやり、家へ帰ると、夕飯の支度。そして帰宅というスケジュールが約四年間続きます。

私は車の免許を持っていたので、すぐに運転手を命じられもしました。その逸話は山ほどありますので、あとで語らせていただきます。ちなみに、私以降の弟子に対しては、面接のときの師匠の第一声が「免許証持っているか？」になりました。

私と同じころに入った仲間や後輩もおりましたが、ほとんど辞めていきました。修行の辛さ、自分が思い描いた世界とのギャップ、人間関係もろもろ……そういうので悩む人間が入って来てはいけない世界なんですね。気がつけば、私が仁鶴兄さんの次の二番弟子になっていました。

師匠の初席が「新花月」に格下げ

私が入門したときの大スターは、三人姉妹のかしまし娘さん。

他にも漫才や音楽ショーが綺羅星のごとく。ダイマルラケット、いとしこいし、ラッパ日佐丸。女性ではお浜小浜、音楽ショーでは宮川左近ショー、タイヘイトリオ、フラワーショウ他もろもろ。

その中でもかしまし娘さんは別格。正月、ゴールデンウイーク、お盆興行しか出ない。もう一人、芸人ではないのですが、正月公演のときにしか会えない人が、松竹芸能の勝忠男社長。映画や劇場のプロデュースで大忙しの社長なので、会社にいることもまれで、所属芸人が社長の顔を見られるのは、この日しかありません。

松鶴師匠は道頓堀「角座」で正月の一日から十日の初席の常連、十一日からが三代目桂春団治というのが通年の決まりです。

ところが、このときばかりは異例のことが起こりました。暮れにテレビの『11PM』という夜のお色気番組で、松鶴師匠がかしまし娘さんの長女のことを面白おかしくいじったんですな。これに逆上したお姉さんの怒りにふれ、初席は三代目春団治師匠に替えられてしまいました。しかも、松竹芸能からペナルティーとして、その年の初席は新世界「新花月」十日間公演に格下げ。松鶴師匠がこの劇場に出るのは、せいぜい年に一回あるだけなのに……。

元旦というのは、我々弟子たちが師匠の所へ御年始に行く。お年玉をもらい、お雑煮を食べて、お酒をご馳走になる。もう朝から弟子全員が泥酔状態。

師匠もへべれけで高座に上がった。マクラで『羽子板娘』というバレ噺(艶笑噺)をやった。

「一目　二目　みやこし　よめご」

この最後の部分「よめご」を「お○こ」と叫んだ。

明くる日、反省した師匠が、

「昨日、ここで卑猥《ひわい》なことを叫びまして、誠に申しわけおまへん。ほんまにそんなこと言うたか、覚えてないんです」

間髪入れずに、お客が叫ぶ。

「言うた〜、俺きのう、真ん前で聞いてたぁ。言うたぁー」

さすがの師匠も、返す言葉がありません。ことほど左様に、演芸場のお客さんというのはバカ正直というか、遠慮がないというか、ズバッと切り返してくる。

芸人とお客さんの不思議な関係

漫才ではトリをとることなく、いわゆる「三番叟《さんばんそう》」という、永久に前の方しか出られない芸人がおります。

そんな漫才師が出ているとき、ある客が舞台に向かって言う。

「おもろない、ヤメヤメ！　金返せ」

言われた漫才師も、ここで負けるわけにはいかん。

「お客さん、私やからええけど、この後に出てくる芸人にそんなこと言うもんやないで」

とたしなめると、すかさず一言。

「この後へ出る芸人は、お前より下手なやつはおらんわい」

これを言われたら、芸人はつらい。泣く子とお客さんにはかないません。

でも、私自身、人情があるなと思うたことがあります。

高座を終え楽屋から出てくると、そこは通称『ジャンジャン横丁』というて、立ち飲み屋さんが軒を並べてました。労働者の人が朝から飲んでます。

私を見つけた一人のおじさんが、声をかけてきました。

「お〜、お前、最初に出てた奴やな。まぁ一杯飲め。お前ら、一級酒飲んだことないやろ」

「へえ、おまへんね」

その当時の日本酒は特級、一級、二級。今は大吟醸、吟醸　純米酒ですな。

「さぁ、飲め。お前、エビの天ぷら食うたこと」

「いえ、おまへんね」

「さぁ、食え。おい、みんな、わしらも貧しいけど、まだ貧しい奴がおるねんぞ」

通り道で接待受けて、横丁を出るときにはぐでんぐでん。労働者のみなさま、あのときはお世話になりました。

芸人より労働者のほうが景気が良かった、ええ時代だったんやなあ。

思い出の「新花月」も今はなく……

困ったことに、「新花月」の入り口のところに交番所がありまして、誰かれ問わず職務質問をされまんね。

漫才師の若井はんじ、けんじという二人が止められて、

「君、名前は？」

「はんじとけんじです」

すると、お巡りさんが顔色を変えて詰問。

「お前、わしをなめとるんか」

判事と検事――。


そんな思い出の詰まった「新花月」もなくなってだいぶ経ちますが、その近くに友達の桂ざこばさんが「動楽亭」という落語専門の寄席をこしらえてくれました。二〇〇八年のことです。ざこば兄さん、ありがとう！

ざこばさんとは、彼が桂朝丸のころからの大の仲良し。彼との思い出を語り出したら、ページがいくらあっても足りません。

ただ一度だけ、彼との仲がぎくしゃくしたことがあります。

知る人ぞ知る、ニッポン放送の深夜放送『オールナイトニッポン』のオーディション事件です。あのねのねの代役として、私がオーディションを受けるはずだったのが、放送局のディレクターが間違えて彼を呼んでしまったんです。

本人はもう、やる気満々でした。私にも、

「今度、ニッポン放送の『オールナイトニッポン』やるねん」

返す言葉がありませんでした。

最終的に、パーソナリティに決まったのは彼ではなく私。そのときは、しばらく彼と会うのが気まずかったなあ。

奥さんは美人の「あ〜ちゃん」

松鶴師匠は自分の奥さんのことをいつも「あ〜ちゃん」と呼んでました。かぁちゃんの「か」を取った、いわゆる甘え言葉。

弟子もいつの間にか「あ〜ちゃん」と呼ぶように。

師匠ははじめ、

「わしの嫁はんを心安く〝あ〜ちゃん〟と呼ぶな」

と怒ってましたが、その内あきらめてクレームをつけなくなりました。弟子が初めて師匠に勝った！

ちなみに、桂米朝師匠のことを弟子は「ちゃあちゃん」と呼んでます。これは、米朝師匠の実子の現・米団治さんが幼少のころ、「とうちゃん」と言えずに「ちゃあちゃん」と言ったのが始まりだそうです。

酔っぱらった後輩が六代目松鶴師匠を「ロクちゃん」と呼んでひっぱたかれたことがあるそうですが……。

あ〜ちゃんで四人目の嫁はん。

後日、落語家を廃業した松鶴師匠の息子が五人目と結婚して、「親父を抜いた」言うて喜んでましたが、芸で抜け！　言うね。

新町の一流芸者だった奥様は芸者をやめて、今里新地で小料理屋を経営してました。そこへ頻繁《ひんぱん》に通ってたのが、六代目松鶴。

どっちかというと、美女と野獣。縁結びの神様が間違わない限り、普通は結ばれるわけがない。

何で一緒になることができたのか？

ごもっともな疑問にお答えいたしましょう、
今里が台風で浸水したときに、あ〜ちゃんは二階で避難してた。そこへ胸まで水につかった師匠がやって来て、

「お〜い、寿栄（奥様の本名）、寿司持って来てやったぞ」

そら惚れるわな。男は顔じゃない。心意気ですな。

そんな大恋愛の夫婦だったんですが、師匠にガールフレンドができた途端にぎくしゃくし出した。

でも、あ～ちゃんは色街出身やから、半ばあきらめて大目に見てた。

それをええことに、酔うた勢いで家まで、その女の子を引っぱって来たんですな。ここまで行くと、もう洒落では済まん。

「師匠、私とても入れません、ここで失礼します」

「上がったらええがな、わしが死んだら、この家はお前のものや」

よう、そんな無茶苦茶言うわ。

でも、あ～ちゃんは偉かったな。

「どうぞお上がりください」

弟子にすぐ酒肴の用意までさせた。元芸者ですから、三味線が弾ける。都々逸《どどいつ》まで唄って、場を盛り上げる。噺家の嫁はんは、ここまでせなあきまへんのやろな。まさに芸人の女房の鑑《かがみ》。

うちの師匠も酔っぱらって、自分の家か料理屋かわからんようになってたんやな。その場で酔いつぶれ寝てしもうた。

気まずくなったガールフレンドが口を開く。

「師匠、私もう帰りますから」

起き上がった師匠が寝ぼけ眼で、自分の嫁はんに言うた。

これでも修羅場《しゅらば》にならんかったんが不思議でした。
「おばはん、お愛想」

その後、あ〜ちゃんと彼女が仲良くなりまして、師匠と三人でディスコに行くような仲になった。私もお供で付いて行くと、私の前に師匠を挟んで、あ〜ちゃん、彼女と座ってる。けったいな関係。

師匠も照れて、向かいに座ってる私にばっかり語りかけてくる。音楽がやかましいのと、舌がもつれて、何を言うてるか、さっぱりわからん。でも、適当に合わせて頷いてると、
私の隣に来た奥さんが、
「わて、隣におっても何を言うてるか、わからんのに、あんた、よう理解できるな？」
長い付き合いの弟子と師匠は以心伝心。

あ〜ちゃんがやきもちを焼き始めたときに、弟弟子が落語の『悋気《りんき》の独楽《こま》』を稽古してもらいに来た。このネタは、二号さんを持った亭主に本妻が嫉妬《しっと》する話。
その稽古を聞いてたあ〜ちゃんがボソッと、
「わてに、あてつけか？」

あ～ちゃんあっての松鶴師匠

「芸にぶち当たったときは、原点に戻れ」――師匠の口癖です。

これは原点を自分の中に持っていなければ駄目やし、それが何かわからなければ、この言葉は死語となる。

私を含めて弟子の数人は、奥様のあ～ちゃんに芸の基礎である三味線（梅は咲いたか）を教えていただきました。元一流芸者ですから、日本舞踊・端唄・小唄・民謡・都々逸と、何でもこなせた。

晩年は日本舞踊を劇場で披露して、我々も応援に行きました。あのときのあ～ちゃん、生き生きしてたなぁ。綺麗やったな。師匠がポ～っとなるのも理解できる。

ご夫婦で今里新地の飲食店に訪れる際は、お供で私も付いて行く。

あ～ちゃんは新町の一流芸者の出身ですから、後輩が多い。今里新地にもお茶屋があって、芸者さんが行き交っている。

あ～ちゃんを見かけると、

「姉さん、こんばんは」

と挨拶をする。松鶴が酔っぱらって、その芸者さんに卑猥な言葉を投げかけてからかうと、奥さんが怒って、

「もう、あんた帰り」

これに逆上した師匠が、

「それが亭主に言う言葉か」

と入れ歯を外して、どぶ（溝の中）へ投げ込んだ。

と、すぐに気づいて、

「おい鶴光、拾え」

私がどぶの中に手を突っ込んで、何とか拾い上げると、

「この入れ歯、高いのや。洗えば、また使える。これではほんまの噺家（歯なしか）やがな。ガハハハ」

私の手が臭いことは、笑いごとやおまへんで。

師匠を絶句させた花丸兄さん

師匠の初代運転手をしてたのが、兄弟子の笑福亭花丸兄さん。なんと、仁鶴さんの兄弟子です。昭和三十二（一九五七）年に三代目林家染丸に入門して、その後、六代目松鶴門下となり、笑福亭花丸を名乗ったが、昭和四十八（一九七三）年三月に廃業。

その花丸兄さんがあるとき、車を自分の家に持っていって、どこかでぶつけたんでしょうな。車をへこませてしまった。

それが言いづらかったのか、

「家の前に止めて置いたら、わらび餅屋のおじさんが屋台をぶつけたんです」

と苦しい言い訳。

松鶴師匠が表に出ると、車は悲惨な状態。

「わらび餅屋がぶつかったんか」

「はい」

と兄弟子は即答。

「これだけの勢いでぶつかったら、そのわらび餅屋のおっさん死んだやろ」

この一言に、花丸兄さんは絶句。

この兄さんの奥様は美容院を経営してまして、ある日、師匠が電話すると、美容師の見習いが電話を取ったそうです。

「あ~松鶴やが、花丸おるかいな」

「はい！　しばらくお待ちください。（遠くで）花丸先生、松鶴から電話です」

松鶴「………」

今度は、うちの師匠が絶句しました。

師匠の運転手はつらい

師匠がよく言うてました。

「噺家は、味方は作らなくてもいい。しかし、敵は作るな」

昔から友情は悲しみを半分にし、喜びを倍にする、といいます。でも、これは噺家同士には当てはまらない。全員が敵であり、ライバル。抜いたり抜かれたり。

花丸兄さんの次の二代目運転手となった私が、松鶴師匠を乗せて運転してると、いきなり師匠が、

「前の車を抜け」

と言う。私があわてて、

「抜けません」

と答えると、師匠はずばり、

「あの車が三枝（現・桂文枝）と思えば、抜く気になるやろ」

なるほど、抜けました。

師匠の車の運転手は、突然ふってわいたような災難に会います。これは避けられまへん。

運転手の私に、師匠がいきなり、

「気に食わん」

そう言ったかと思うと、脱いだ靴で後ろから頭を殴りつけてくる。危ないわ。なんで、あんなに急に怒り出すんやろね。

よくよく考えてみると、松鶴師匠が「いらち」やからやないかと思います。いらちとは、せっかちな人のこと。落語に『いらちの愛宕参り（堀之内）』『いらち俥《ぐるま》（反対俥）』というのがあります。

まさに師匠は、いらちの典型。

車の運転をしているときに、こんなことを言うんです。

「この信号を青で渡ると、次が黄色。それを過ぎると、今度は青で、次が黄色」

家に帰る時間は、そんな慌てても十分も変わらん。横でヤイヤイ言われると、運転がしにくいだけや。

あるときは、名神高速道路で酔っぱらって説教され、そのまま師匠が寝てしまった。

腹の虫の納まらない私は、ここぞとばかりに急ブレーキ。師匠は頭をフロントガラスにゴツン。

「痛い何をさらすね」

「すんません。いま、おばあさんが急に飛び出して」

「高速道路におばんが飛び出すか」

頭をゴツンと殴られました。


今度は坂道。

ちょうどカーライターでタバコに火をつける寸前、また急ブレーキをかけた。師匠のでこにカーライターのニクロム線が……。

「熱う～、このボケ」

また、頭ひとつボコン。

この事件を後日、弟弟子にこう言うたそうです。

「鶴光は危険人物。説教すると、わしに復讐しよる」


私には何の責任もないときもあります。

その当時は吹田市にあった大阪の毎日放送へ行くのに高速道路を走ってると、石を撥《は》ねてフロントガラスにヒビが入った。

思わず車を左に寄せると、師匠はおびえた声で、

「気をつけよ。誰かがわしを空気銃で狙うとる」

誰が狙うかいな。あんたはゴルゴ13の敵やない。だいいち、空気銃で人が殺せるか？スズメやないねんから。

入門当初の鶴光　演目『時うどん』

たとえ理不尽な命令でも師匠には逆らえない

師匠の高座の出番時間を気にしながら運転していると、師匠が、

「もう間に合わんから、そこ入れ」

「一方通行だから入れません」

「誰が決めたんや、そんなこと」

「法律でだめなんです」

「一般の法律はそうかもしれんが、噺家の法律はわしや」

屁理屈を並べているとわかっていても、師匠には逆らえません。

仕方なく、一方通行の道に車を入れると、もうすぐ出口というところで、向こうからトラックが入ってきた。当たり前やがな。それでも、師匠は言い張る。

「クラクション鳴らさんかい！」

命令に従って鳴らすと、トラックも思いっきりクラクションを鳴らし返した。トラックが止まって、運転手が降りてきた。なんと、手にスパナ持って、こっちへ向かってくる。

負けるのが嫌な師匠は、とんでもないことを口走った。

「行け行け！　芸人は修羅場をくぐって、初めて一人前になるんや。男になってこい！」

まるで任侠の世界。あわてて車を降りると、運転手の前で土下座して、

「すんません、すんません。乗ってるの私の師匠、落語家の松鶴です、高座が間に合わないので、こんな無謀なことしてしまいました。すんまへん、すぐにバックします」

必死で謝りましたがな。スパナを片手に持った運転手は、一瞬、怪訝《けげん》そうな顔をしたものの、私を見て言った。

「しゃあない、わかった。わしの方が近いから。わしが下がったるわ」

「ありがとうございます。ほんまに、すんません」

あわてて車に戻ると、師匠が口を開いた。

「どないしたんや？」

「はい、向こうが下がってくれるそうです」

「あいつ、スパナ持ってたやろ。あのスパナ、お前の頭にバーンと振り下ろした瞬間、わしが出て行って、あいつをボコボコにしようと思うてたところや」

そのときには、私はもう死んでまっせ、と心の中で叫びました。

どんなに理不尽な師匠でも、いくらわがままな師匠でも、自分の言うことはすべて正しいと言う師匠には、弟子はいっさい口答えはできません。

口の悪さは天下一品

五代目古今亭志ん生師匠は、本所の業平橋近くの通称「なめくじ長屋」にタダで住まわしてもろてた。そこから生まれたのが『火焔太鼓《かえんだいこ》』という噺。

「半鐘はいけないよ、おジャンになるから」のサゲで有名なこの古典落語、そんなに大きな噺やないのに、志ん生師匠が大きくしはった。

我が松鶴師匠の十八番の『らくだ』も、長屋で死んだ男の葬式を出す噺やけど、これもスラム街のような汚い貧乏長屋住まいから生まれたもの。どっちも、すごい芸や。

ただ、我が師匠は芸もすごいけど、口の悪さも天下一品。

入門してから四年間、師匠の運転手もしてたんやけど、運転中もボロクソに言われ、あまりにも腹が立ったから、クルマをバーンて蹴ったら、穴があいてしもた。それほどボロボロのクルマやったんです。

師匠は夜中でも何でも、電話してくる。

「すぐに迎えに来い」

言うなりガチャン！　仕方なくクルマ運転して行くんやけど、修行でほとんど寝てへん

から、運転中に眠くなる。すると、師匠はやおら、

「若い頃に付きおうた女がな……」

と、エロ話を始める。それで、こっちも目が覚めるわけや。やはり、師匠の方が一枚上手。

わてらみたいな運転手がつかまらなかったときは、仕方なくタクシーに乗るんやけど、決まって運転手と言い争いになる。あるときなど阪神・巨人戦のことなんかで揉《も》めて、運転中に大ゲンカ。

高速道路なのに、運転手に「降ろせ！」言うて、そのまま降りて路肩を歩いていったというから、すごいお方や。それをたまたま、ある漫才師が目撃して、

「あの着物のおっさん、松鶴師匠や」

と気づいてくれて、クルマに乗せたんやて。信じられないような、ウソのようなホントの話。

また、あるときなど、からんだタクシーの運転手が弟子の叔父やった。親戚中で、

「エラい人の弟子になったたな」

と、話題になったたんやて。ほんま、エライこっちゃ。

個人タクシーにはよう乗らん

師匠は個人タクシーが大嫌いでした。その言いぐさがすごい。

「個人タクシーは、スピードも出さんし、車を大事に走ろうとする。それに比べて、会社の車に乗っている運転手は、スピードも出すし、無理するのも平気や」

あるとき、相撲部屋の稽古を見学に行くことになって、

「天王寺の駅前で待っとけ」

と言われたのですが、待てど暮らせど、師匠はやってこない。今みたいに携帯電話があるわけでもなく、こちらはただただ待つだけ。

すると、一台のタクシーが止まったかと思うと、なんと師匠が降りてきた。ぶつくさと怒っている。

「鶴光、ここから歩いていくぞ。もう、タクシーには乗らん！」

どうしたのか聞いてみると、約束の時間に遅れそうなので「急がんか」と言うたのに、運転手がモタモタしていたという。

「客の要望を何とかするのが、プロの運転手や。何とかせえ！」

「できないものはできません。道路に文句言ってください」

これにカチンときた師匠は、それからずっと腹立たしかったらしい。怒った自分に腹立たしく、また怒ってしまうのが師匠のいつものパターン。

すごい剣幕で車を降りて来た師匠は、相撲部屋に着いても、機嫌の悪さが続いていた。相撲取りの稽古は、見ているだけで驚きだった。親方の罵声《ばせい》は飛ぶは、竹刀でメチャクチャに叩くは、げんこつで頭を殴るは……。

稽古を見た後、ちゃんこを食べた師匠は、やっと機嫌を直していた。ところが、言うに事欠いて、とんでもないことを言い出す。

「鶴光、相撲の稽古に比べれば、噺家の修行なんて子供の遊びや。あの稽古を見てたら、わしが殴るのなんて、痛いことないやろ」

痛いわ、と声にして叫びたかった。

あるとき、山道を越えて行かなければならない場所で仕事になりました。大阪からタクシーで向かう。

運転手が山道を慎重に車を進めていると、師匠が一言。

「もっとスピード出さんか。時間に遅れるやないか」

そう言われても、都会の運転手にしたら、初めて通る道や。右に左に急カーブが続くような道で、スピードを出すことなどできるわけがない。

師匠の怒りはおさまらず、帰りは地元のタクシーに乗ることにした。

タクシーは、急な坂道もすごいスピードで走り抜けていく。師匠はご機嫌です。

ところが、大阪に近づいてくると、運転手が何度も道を間違えた。今ならナビがあるので、初めての土地でも道を違えることは少ないが、都会になじみがない運転手にしたら、どうしようもない。

あせればあせるほど、ドツボにはまっていくものだ。

とうとうしびれを切らした師匠は、

「もう、ここで降りるぞ」

我慢ができない師匠は、すぐに車から降りてしまった。そこが高速道路でなかったことだけはよかったが……。

「タクシーはやっぱり、都会の運転手やないとあかんな」

まさに「行きはよいよい、帰りはこわい」ならず、師匠とタクシー運転手との相性の悪さも天下一品です。

松鶴一門の「青」は何色?

噺家の世界は、未だに徒弟制度。絶対服従の世界です。インドのガンジー首相は不服従をスローガンにしてましたが、我々の世界ではありえない。

師匠がカラスの色は「白」と主張すれば、それが通じる世界。もっとも、こないだ図鑑を調べたら、白いカラスは実在するらしい。

あるとき、松鶴が私に、

「マジックインキを買ってこい」

と命令した。

「師匠、何色ですか?」

「青や」

私は言われたとおり、青色のマジックインキを買って戻った。師匠に手渡すと、私をにらみつけて、

「青や言うてるやろ、青や。何を聞いとるね。これはな、空色や。もういっぺん、行って

来い」

青色イコール空色と思い込んでた私は、はたと困りました。ひょっとして、

〈紺色と間違うてるのかも〉

と思った私は次に、紺色のマジックインキを買ってきて、

「これですか」

と師匠に渡した。

その瞬間、今度は手が震えてまんねん。

「なんべん言うたらわかるね。これは空色の濃いやつや。わしがほしいのは、青色じゃ。青色をば買うて来い」

いきなり錯乱状態。もう青色てどんな色やわからんようになりまして、文房具屋さんへ行った。

店の人に泣きついたら、とても親切な人で、あるだけのマジックインキ全部出して来てくれた。

「これを持って行きなはれ」

喜び勇んで帰ると、師匠の前にずら〜っとマジックインキを並べて、

「勉強不足ですいません。この中から青色を選んどくなはれ」

今度は師匠、目に涙浮かべてまんね。

「お前、学校へ行っててんのんか。情けない奴や。青もわからへんね。青というのはな、これじゃ」

師匠がつかんだのは、なんと「緑」でした。

このとき、初めて師匠に逆らいました。

「お言葉を返すようですが、それは青とは言いまへん。それは、緑とかグリーンと言いまんね」

「何を抜かしとるね。信号機見てみい。これが青や」

負けまへんやろ。

確かに昔の信号機は、緑が青でした。

この逸話は、多くの弟弟子も経験しているようです。それ以後、松鶴一門の「青」は、一般で言う「緑」に決まりました。

初代桂春団治の有名なエピソードは師匠が元ネタ

よく「芸の肥やし」と言われるけど、これは相手の女性に財力があってこそ成り立つ話や。戦前の上方落語界の大スターで、あの「芸のためなら女房も泣かす」という歌詞で有名な『浪花恋しぐれ』（都はるみ&岡千秋）のモデルになった初代桂春団治師匠は、まさにその典型。金持ちの後家さんばかりを狙って「後家殺し」と呼ばれていた。

春団治師匠は、古典落語にナンセンスなギャグを機関銃のように繰り出し、巧みな話術で「爆笑王」として人気を集めた。その一方で、借金、女遊び、酒乱の伝説は、松竹新喜劇の舞台をはじめ、森繁久彌の『世にも面白い男の一生』や藤山寛美の『色ごと師春団治』などの映画にもなった。破滅芸人の草分け的な存在や。

この森繁久彌の映画に出てくるエピソードに、うちの松鶴師匠がモデルとなっているものがいくつかあるそうです。

たとえば、女遊びばかりしていて、あまりにも家に帰らん春団治師匠に業を煮やした嫁はんが、寄席の裏手に止めてあった師匠の人力車に、まだ乳飲み子の我が子をそっと置いて帰るというシーン。

それでも意地になって、子どもだけを家へ帰して、本人は女の家へ行ってしまう、というエピソードですが、これについて自著『極めつけおもしろ人生』（神戸新聞出版センター一九八六年）で、松鶴師匠自身がこう語っています。

『これは全く私がやったことを、時代と設定を変えて、師匠のエピソードとしたもんです。なぜ、そんなことになってしもたかというと、（作家の）長谷川幸延先生が、初代をよく知る長老の花月亭九里丸師匠のところに取材をしに行ったのですが、この九里丸師匠がついでに私の話を春団治師匠のエピソードとして、おもしろおかしく話してしもたことがそんな伝説をつくりあげたわけです。

昭和二十二、三年頃でしたが、金もないのに私は毎晩女遊びばかりしていて、ちょっとも嫁はんのところへ帰らん日が続いたのです。毎日寄席にはきちんと出ているんですが、出番が終わったらそのままおなごのところへ直行してしまう。どんな場合でも必ず帰ってきていたうちのおやっさんと違い、私の場合は一度女遊びを始めたら、家へは全然帰らないのだ。遊んだ翌日も、そのままおなごのところから寄席に通うてました。

ある日のこと（中略）うちの嫁はんが、（やや子を）客席まで連れて来て、そのまま置いて帰ったらしい。嫁はんにすれば、こうしておけば家へ帰ってくれるやろ、と思うたんでしょう。しかし、そんなことをされるとかえって、こちらは余計に腹が立ち、意地でも帰ろうという気にはなられへんわけですな。火に油をそそぐようなもんです。わけもなくカ～ッとなった私は、そばにいた弟子の松之助に、

「おい、これ、うちまで連れて帰ってくれ」

という。松之助はさすがにびっくりして、

「兄ぃやん、なんぼなんでも今日ぐらいは帰ったげぇな。こんなことまでしても帰ってきて欲しいという姉さんの気にもなってみなはれや。わしに連れて帰れなんて殺生やでぇ」

と諭すんですが、私も意地になったらテコでも動きまへん。

「かまわん、連れて帰れ！　うちの嫁はんに会うたら、わしは帰れへんいうとけ」

いうた言葉通り、そのままその晩も帰らずに、おなごのところへ直行したわけです。

この話が先ほどの経緯で、初代春団治師匠のエピソードとして伝わってしもた。実際の春団治師匠も、確かに相当な遊び好きでしたが、ああいう種類の無茶はしなかったように思います。そこで、お芝居をおもしろく脚色するエピソードとして、私の話を使うてくれはったんでしょう。しかしモデルにされた私としては、あの芝居を観るたびに、なんやこう、誇りに思うてよいやらはずかしいやらで、いつも複雑な心境にさせられたもんです』

少し長くなりましたが、若き日の松鶴師匠を知る格好のエピソードです。

ここで松鶴師匠にまつわる、有名な小噺。

うちの師匠は大正生まれですから、いわゆるスパルタ教育。借家ですが、小さな庭があって、松の木が一本植わってました。

子どもが悪いことをしたら、その木にグルグル巻きに縛り上げて、青竹でピシーピシー。子どもは鼻血出してる。

「師匠、それ以上やったら、その子死にまっせ」

「ほっとけ、これ隣の子や」

「差し押えの紙、わしの口に貼れ」

初代桂春団治師匠には、まだまだ有名なエピソードがあります。

税金を払わんで差し押えされたときも、

「差し押えの紙、わしの口に貼れ」

言うて、十八番の『阿弥陀池』という尼寺に強盗が入る話を自ら禁じた、と言われていますが、これも松鶴師匠の前出の自著によると、松鶴師匠自身の逸話だそうです。自らこう語っています。

『春団治師匠にはもうひとつ有名なエピソードがおますわな。税金を滞納したために、家まで税務署員が差し押さえにきた時、金目のものがないので、口に差し押えの札を張られたという有名な逸話です。実はこれも私がモデルにされてつくられた話です。

（中略）私がまだ光鶴の頃です。おやっさんが死んで間もなく、税務署がおやっさんの税金を取りにきたわけです。（中略）ところが家には全く金がない。（中略）

「税金をくれゆうたかて、うちには一銭もおまへんで」

というても、なかなか信用してくれません。

「そんなことはおまへんやろ。お宅のおとうさんは随分稼いではったさかい、かなり残してはるはずでっせ」

「あんたらどない思うてはるか知らんけど、噺家なんていうもんはいくら稼いでも、稼いだだけ使わんならんようにできてるんですわ。ほんまにうちには一銭もありまへん」

「そんなこというたかて……仮にお金で残してはらへんでも、書画やら骨董やら、なんぞ金目の財産は残してはるんと違いますか」

「そら、お商売人の旦那さんが死にはったんやったら、金はなくとも老舗ののれんやら店やらが残るやろし、継ぐ財産もおますやろけど、噺家には名前以外に継ぐ財産なんかなんにもおまへん。その名前にしたかて、仮にいま松鶴という名前を私が継いだところで、とてもおやじがもらっていただけの給料はもらえまへん。そんだけ金目のもんを差し押えしたいゆうねやったら、ひとつだけしかおまへんな。いまうちで一番値打ちのあるもんゆうたら、私の口しかおまへん。噺家の財産は、落語をしゃべって金を稼ぐこの口ですわ。私の口にその差し押えの札を張んなはれ」

と、いうたのが、早速あくる朝の新聞に、おもしろおかしく書きたてられてしまいました。そしてその話が、春団治師匠の芝居のひとコマとして加わってしもた』

初代春団治師匠の逸話が松鶴師匠の実話——信じたい半面、ほんまかなと思う気持ちもありますす。というのは、師匠から聞いた話で、思わず首を傾げてしまうことがいくつもあるからです。

あるとき、松鶴師匠が、

「わいは昔、阿部定と付き合うたことがある」

それを聞いた弟弟子の松之助師匠が思わず、

「時代が違うがな」

と、あきれていたそうです。

また、あるときは有名女優がコールガールみたいなことをしていた時期があるらしい、という話になって、松鶴師匠は自慢げに言うた。

「二人の女優を並べて寝たことがある」

弟弟子がぼそっと、

「そんな金はもってない」

改めて、松鶴師匠の本を読むと、面白い発見がいくつもありましたが、ほんまかいなと思うこともいくつかあったのは事実です。噺家は噺をおもしろくする習性があるのやろね。

それは、ようわかりますが、それにしても……。

初高座で知った師匠のありがたさ

噺家が少なかったのか、私は入門して二年くらいで寄席に出ることができました。場所は通天閣でお馴染みの新世界にある「新花月」。日雇い労働者の町ですから、仕事にあぶれた連中が朝から安酒飲んで押し寄せてくる。

ここでウケけるのは、漫才や音楽ショーばかり。落語は悲惨。私の初舞台は一番最初で、持ち時間は二十分。三回公演。

一番情けなかったのは、家が裕福ではなかったので、初舞台の着物が買えないこと。いつも着てるウールの安物しか持ってない。

朝、師匠のところへ顔を出して、

「今日から初舞台行ってきます」

と言うと、

「お〜、行って来い」

楽屋へ行くと、お茶子さん（楽屋の雑用をしてくれる人）が、

「師匠からの届きものですよ」

と荷物を渡してくれる。中を開けてみると、黒紋付の羽織と着物が入ってました。

メモ書きに〈おめでとう〉と書いてありましたが、その字は涙でかすんで読めませんでした。

そのとき、母親の言葉が浮かびました。

「顔の怖い人は、心は優しい」

奥さんのあ〜ちゃんが、初高座初日の三部公演の三回目に来てくれました。

「実はな、師匠も来たかったんやけど、弟子の落語聞くと、ドキドキして心臓に悪い言うねん。フグ屋で待ってるから連れといで、とこない言うたはったさかい、終わったら一緒に行こう」

まさに、幼稚園児のお遊戯を見る父親の気持ちやな。貧乏やのに、無理して高級なフグ屋さんに招待してくれた。

「おめでとう、よう頑張った。しかし、これが第一歩。これからが勝負や。わしはタレントを育てる気はない。落語家を育てたいんや」

この師匠の言葉に背いて、少しの間タレントとしての仕事をメインに考えておりましたが、いまはおかげさんで落語家としての道に戻れたと思います。

あのまま、あのけもの道へ入っていったらどうなったのか……。先人達の末路を見てると、冷や汗が出ます。


あのとき、初めて食べたフグ、美味しかったなぁ。

ただ、師匠の思いやりはありがたかったんですが、私は子供の頃から、

「フグは食べたら死ぬ」

と親から教えられていた。もちろん、実際はちゃんと調理すれば安全なんですが、母親にすれば、

「この子は将来、そんな高級な物はおそらく食べることはないだろう」

と思って、フグイコール死ぬという洗脳をしたわけだ。

そんなことと知らない師匠は、

「さぁ食いや」

とすすめる。

それでも私は、最初は春菊、白菜、豆腐……。それを遠慮ととったのか、師匠は盛んにフグの身を食べさせようとする。

「いただきます」

私はまた、春菊、白菜、豆腐……。

さすがに気がついたのか、師匠が口を開く。

「お前、フグ食うのが怖いのか？　フグの毒にあたって死ぬのが怖いのか？」

そう攻められ困っていると、そこで師匠が、

「ようし、わかった。フグにあたって死ぬか？　この場でわいに殴り殺されるか、どっちや？」

「いただきます」

私の最初のフグの味は、恐怖の味でした。

「新花月」から「神戸松竹座」、そして「角座」というのが出世コース。まぁ噺家の場合は、なかなか「角座」まではいけない。

年に一回、我が松鶴師匠や三代目春団治師匠が出るだけです。

あるとき、春団治師匠が高座で一席やってると、一番前に座ってたお客が、

「うまいなぁ、このおっさんは。頑張れよ。いずれ角座に出れるぞ」

もう出てるちゅうねん。

初舞台三日目までは、誰も聞いてくれない。

しかも「やめ、やめ」の連発。

何のために辛い修行をして、ここまで来たかわからん。悔し涙が後から後からあふれました。

四日目の朝、フグのお礼をかねて師匠のところへ行きました。舞台での悲惨な状況を説明すると、

「お前な、心の中で労働者をさげすむ気持ちがあったんと違うか？　それが自然とお客様にも伝わるから聞いてくれないんや」

目からうろこが落ちました。

その日、高座に出たときは、

「このたび、初舞台を皆様のお蔭でつとめることができました。未熟者でございますが、今後ともよろしくお願いいたします」

と挨拶したら、

「お～頑張れよ～。応援するぞ」

「早う松鶴みたいになれよ」

いくつもの大声援が――。

やっぱり師匠はありがたい。暗がりに灯りを灯してくれはった。

昔は漫才の人も、付き人をして、いろいろ楽屋のマナーを学び取った。残念ながら、現在は養成所の形を取るようになったから、自由に行動できる。利点はあるかもわからんが、困ったとき、つまずいたとき、道しるべを差し伸べてくれる存在がある・ないで大違い。

だから、養成所出身の漫才の人がいろんな問題を起こしたとき、親身になってくれる相談相手がいないのが現実。

無駄を経験することが、後に有益につながる。

ある東京の噺家が、修行時代に愚痴をこぼしたそうです。

「毎日毎日、掃除、洗濯、食事の世話。こんなことばかりしていて、いったい何になるんだろう」

でも、結婚したときに初めてわかったそうです。

「あ〜こういうことだったのか？」

あんた、奥さんのお尻に敷かれてまんのんか？

金がなくても知恵がある

♫呑んだくれよと　指さされても
酔った目で見りゃ　長屋も御殿♫
私が作詞した歌謡曲『松鶴物語、酔いどれ五枚笹』の冒頭部分です。
私が入門したての頃、うちの師匠は、住吉区粉浜の二階建ての長屋に住んでました。
長屋といえば、古今亭志ん生師匠の『なめくじ長屋』が有名ですが、志ん生師匠は長屋噺が得意でした。あれは経験上から生まれた芸ですな。
うちの師匠も『らくだ』のようなスラム街の住人の描写が実に上手かった。豪邸や高級マンションに住んでる噺家にはできない、身体からにじみ出る芸。

私が入門する前から、師匠は貧乏やった。
先輩が自転車にみかんを二箱積んで、お歳暮として持っていったそうです。
適当におしゃべりして帰る途中で、ライターを忘れたので取りに戻った。
そしたら、なんと松鶴師匠自ら玄関に茣蓙《ござ》を敷いて、そのミカンを売ってた。それを見た先輩は、感心した。

「あの売り方はプロやな」


定期券の使いまわしもしてました。

十日間興行ですから、定期を買うと、後の二十日間が無駄になる。それを芸人同士で安く売り買いする。立川談志さんの本にも、同じように定期の使いまわしをしている描写がありました。大阪も東京も、芸人の懐具合は変わらないということですな。

松鶴師匠が五十歳のときに買ったのが、三十歳漫才師の定期。自動改札がないころだから、定期は駅員さんに見せて改札を通る。悪いことですが、歳のところを手で隠して行けば見逃してくれた。

五十歳の師匠、堂々と三十歳の定期で通り抜けようとすると、駅員さんが、

「もしもし、あんたいくつですか」

そう言われた途端、師匠が発した言葉。

「芸人に歳ない」


師匠のその当時の収入源は、主に道頓堀の「角座」。

東京の寄席は「ワリ」という制度をとってますから、入ったお客様によってギャラが変わってくる。ですから二日目とか三日目に配給される。ところが、大阪は初日にド～ンとくれる。売れてる人は袋が立ったらしい。

そのことを飲み屋さんは知ってるんですな。飲み屋が取り立てにきても、我が師匠はいっさい払いまへん。借金は貸した方が悪いと考える人やから。

とうとう集金に強面《こわもて》のお兄さんを使いによこす。そうすると、

「あのな、初日というのは芸人がこの十日間の興行をどうまとめるか考える大事な日や。集金は二日目に来い」

二日目に来た借金取りに答えた言葉。

「初日に払えんものが、二日目に払えるかい」

無類の酒好きな師匠おなじみの枕は、

「私、笑福亭松鶴が酒を飲めないことを疑うならば、ぜひ酒二升を目の前に置いてください。おそらく、お猪口でほんの少ししか……残らないでしょう」

師匠いわく、小学生のころから大阪の木津卸売市場で朝に仕入れた魚で、おとっつあんの五代目松鶴と一杯飲んでから、いい気分で学校に行っていたんやて。怖い師匠です。

金はなくても酒は飲める

松鶴師匠の若い頃の話は、あまり知られていませんが、本人が自著で語っている話はとても興味深い。やはり、時代がよかったからでしょうね。

『金がないために、この頃は着るもんもよう買わずで、いつでも着たきり雀でした。（中略）だが、飲み屋へ行く時は、いつでも一銭も持たずに行って飲ましてもらったものです。

「一銭もないねん。出世したら払うさかい、飲ましてくれるか」

「冗談いいなや」

「今日はほんまに持ってへんねん。飲まして」

「しゃあないな、ほな飲んで行き」

飲み屋のおやじと、こんな会話をかわすこともしばしばです。通うだけ通うて、一年間ぐらいは平気で一銭も払わない。いや、事実は払いたくても払えない、という方が正直なところでしたな。うまいことに、ぼつぼつラジオの民間放送局ができ始めた。民放ができた当初、芸人と専属契約を結ぶという話が起こり、私もある局と専属契約を結ぶことになったわけです。その時いただいた契約金で、長年ため続けた飲み屋の借金を、いっぺんにきれいにしたこともありました。この専属契約料が、当時のお金で二十万円ぐらいやったと思います。私にとっては思わぬ大金でしたが、ほとんど借金の返済とツケの払いで、あっという間にきれいに消えてしもたことをいまでも覚えています。しかし、もったいないな、あれを残しておけば……などという殊勝な気持ちはさらさらなく、これでまたしばらくは大手をふってタダで酒を飲みに行ける、という安心感の方が先に立っていたんですから救いようがない』

宵越しの金を持たないのは、なにも江戸っ子だけとはかぎりません。浪速っ子の笑福亭松鶴師匠も、その典型的なお人でした。だから、いつも酒と金のエピソードがついてまわります。

師匠が花登筺《はなとこばこ》（女優・星由里子さんの夫）原作のドラマ『どてらい男《やつ》』（関西テレビ制作一九七三年〜七七年）に西郷輝彦演じる主人公に商いのイロハを教える伝説の商人〝将軍〟役で出演したこともあり、金回りも少しよくなっていたころのこと。

師匠は腹巻に百万円くらい入れて、馴染みのキャバレーへ。若手の芸人、東京から来た噺家をたくさん連れて飲みに行く。しかも、ツケが溜まっている店へ行った。エエ顔したかったんやろな。

ドラマの『どてらい男』が売れてきたこともあり、店へ入るなり、ママがそっと耳打ち。

「師匠、だいぶツケがたまってますよ」

その途端に、腹巻に入れた札束を見せる。すると経営者が出てきて、

「これはこれは失礼いたしました。どうぞご存分にお楽しみくださいませ」

ドンちゃん騒ぎ。大御所の弱みは、店の女の子が「師匠お酒お強いですね」などと言おうものなら、すかさず大見得を切る。

「もっと濃いのんおくれ」

水割りやロックやわからんくらいの量をグイグイ。後は記憶喪失。さんざん飲んで帰ろうとすると、オーナーが自ら勘定書きを持ってくる。それを見るなり起き上がって、

「ママ、つけといて」

さっきの札束は何やったんや。ママがボソッとつぶやいた。

「これは立派な詐欺や」

「天下の松鶴、逃げも隠れもせんわい。いつも道頓堀の角座に看板掲げてるわい」

あるママ曰く、

「いっそのこと、逃げてどこかに隠れてくれたらあきらめもつくけど、寄席の看板見るた

びに腹が立つ」

師匠の理屈は、

「昔は出世払いと言うて、貧しい芸人を可愛がる太っ腹の飲み屋の経営者が多かった。いまは、せこい世の中になった」

あんさんは、もうとうに出世してまっせ。ずっとこんな調子です。

昭和四十七（一九七二）年に『第一回上方お笑い大賞』を受賞したときのことを自著で、こんなふうに語っています。

『もちろん賞ができて第一回目にいただくという栄誉にも感激しましたが、不謹慎な話、副賞にいただいた五十万円の方が、大変魅力的だったわけですな。しかし、これもいただいた晩、みんなを引きつれ飲み歩いているうちに、ひと晩できれいになくなってしまいました。実にええかげんな受賞者です。私の極道は、やっぱりどこまでいっても治らないようですな』

このときの賞金は百万円だったのですが、米朝師匠と二人同時受賞でしたので、半分の五十万円になった。もし百万円でも、きっと一晩で使ったことでしょう。

まさに、宵越しの金は持たない、懲りない師匠のエピソードにほかなりません。

あんたが教えたんや

「落語会で、わしが『厄払い』をやるから、その前に『正月丁稚《でっち》』をやれ。今から高座でやるから、よう覚えとけ」

師匠からそう言われて、客席で神経を集中させて、この噺を聞いたことがあります。『正月丁稚』は、縁起を担ぐ主人とゲンの悪いことばかり並べる丁稚の噺で、『厄払い』の前に口演することも多い。ちなみに、『厄払い』はブラブラしている与太郎に、叔父が大晦日（旧暦では節分）の厄払いの文句を教える噺。

この『正月丁稚』の中に、みんなで雑煮を食べているとき、丁稚の歯が抜けて、「下の歯が抜けたら目下のもんが死んで、上の歯が抜けたら目上のもんが死ぬ。おっかさんから聞いた」

と泣くと、主人が、

「アホなこと言うな。縁起でもない」

と顔をしかめるシーンがある。

師匠はそれを高座で、

「下の歯が抜けたら下目のもんが、上の歯が抜けたら上目のもんが……」

と言うたんや。集中して聞いていたので、わてが覚え違いするはずがない。

翌日の稽古でそのまま言うたら、師匠がいきなり、

「誰がそんなこと言うた⁉　おのれは人の話を聞かんと、創作しよる」

と怒り心頭だ。

「アホンダラ！　上目、下目てな言葉があるわけないやろ。それは目上、目下じゃ。誰がそんな言葉教えたんじゃ、このボケ」

〈あんたや、あんたが教えたんや〉

口まで出かかったけど、言えまへんでした。

これは真実？　それともネタ？

先代の桂文治師匠がまだ伸治の時代のこと――。

松鶴師匠と飛田新地ののぞき部屋に行きまして、下着姿の女性を見て興奮してると、中におばちゃんがおりまして、手を上下にこすりながら、

「お兄ちゃん、百円でどうです」

それに答えた伸治師匠、

「五十円に負けろ」

するとおばちゃんが、

「あんた江戸っ子やな」

不思議な会話や。


ちなみに、上方で寄席興行を開いた元祖は初代桂文治師匠。文治というのは、桂派の宗家です。場所は坐魔《いかすり》神社の境内だったそうです。通称「ざまじんじゃ」といいます。

少し前に、上方落語協会で碑を建立いたしました。たくさんのみなさま、御寄付ありが

とうございました。


他にも、こんなこともありました。

あるとき、松鶴師匠が悪酔いして洗面器に戻しながら、

「苦しい、あ〜ちゃん呼んできて、背中さすって」

二階へあ〜ちゃんを呼びに行くと、

「今、パン食べてるのや。行けるわけないやろ」

「今、パン食べてるさかい行けんそうです」

「あ〜ちゃんに言うて来い、いずれ勝負したる」

自分の嫁はんと勝負して、どないするねん。


訳のわからん英語も使ってました。

焼肉を御馳走になることになりまして、弟子一同が美味しく頂いてると、師匠が野菜しか食べない。

「師匠、何でお肉を召し上がらないんですか」

と聞くと、

「わし肉はあかんね、エネルギー体質やから」

アレルギーやと思うんですがね。

「こう見えても、神経がバリケードや」

デリケートでっしゃろ。

家にお邪魔すると、運動をしてらっしゃいました。

「お～、ええとこへ来た、そこのヘルスセンター取ってんか?」

ヘルスメーターや。

「えらいもんやな、ちょっとスポーツしただけで、体重が六十五プログラムに減った」

キログラムじゃ。

「師匠の英語、間違いだらけやと評判でっせぇ」

「何を～！　お前、弟子の分際で、わしの英語にクリームつけるのか?」

顔にクリーム塗りたかった。これはネタっぽいやろか。


雨が降ってきたので、電車の駅まで傘持って来いと言われた。

傘持って走っていくと、師匠がおばぁちゃんと話し込んでまして、私の顔を見るなり、

「弟子が来ました。お先に失礼いたします。おばぁちゃんも早くお迎えが来るといいです

ね」

ここに書いたのは真実？　それともネタ？　お読みになった方々で、独自の判断をお願いいいたします。

昭和55(1980)年8月 自宅前にて　撮影:後藤清

これは実話です

こんな逸話もあります。

師匠が酔っぱらって、ソフトクリームをなめながら道頓堀の繁華街を歩いてますと、向こうから反社会勢力の方が五，六人来た。

その親玉が、

「師匠、酒飲みがそんなもん食べたらいけまへんがな」

と親しげに声をかけた。

ニコッと笑い返せばそれで済んだんですが、酔った勢い、

「やかましいわい、お前らみたいな者に言われる筋合いはないわい」

「何やと」

怒った連中が周りを取り囲んだ。

その周囲も人だかり。

松鶴、危機一髪。

そこで六代目がどない言うたと思います？

その中のリーダーの顔を見ながら、

「親のかたき」

その一言で、その集団はあきれて去っていきました。これは、作家の藤本義一さんから直に聞いた話です。


後日、師匠の家に稽古に伺うと、顔が腫れてました。

「師匠、どうしました?」

「寝ぼけて二階から落ちたんじゃ」

そのままトイレへ――。

その瞬間、あ~ちゃんが笑いをこらえながら、

「昨日、ミナミで立ちションしてる強面の兄ちゃんに、

『立派な物持ってまんな』

言うて殴られたんやて。鶴光には言うなよ、弱み握られたらいかんさかいに」

わてが師匠の弱みを握ってどうするね?

道頓堀では、こんなこともおました。

私がちょっと売れてきたころ、サングラスをかけて歩いてたら、スナックの横でジャンパーを着たおっさんが立ち小便してた。

「おっさん、こんなとこで立ちションしたらあかんで」

と声かけたら、うちの師匠や。

「ツケがたまってるから飲まさん、って言われて、腹が立ってションベンひっかけてたんや。師匠に何ぬかすねん」

有無を言わせず、ボコボコや。


時代は前後しますが、酒といえば、二十歳になったときのこと。

師匠が黒田節に出てくるようなデカイ杯にお酒を半分くらいまで入れて、

「これを一気に飲め」

といきなり言うんです。

〈何でかな?〉

と思いながらも飲むと、当然、記憶がなくなるわけです。

あくる日、師匠に、なぜそんなことしたのか尋ねたら、

「おまえの本性を知りたかった」

普段どんなええこと言っていても、人は酒を飲むと本音を言うから、と。

「僕、どんなこと言うてました？」

とあわてて聞いても、

「それはわしの記憶にとどめておく」

何を言うたか、心配で仕方なかったけど、あの日に私が何を言うたかは最後までわからずじまい。


その割に、師匠は弟子と飲むのはイヤがった人。

弟子は師匠の前では緊張してそんなに飲まない。

逆に、師匠はベロベロになる。

「俺の本性を弟子に見られるのはイヤや」

よく春団治師匠と飲みに行っていました。まあ、そんな場所に連れられても息苦しくて、私には拷問ですけどね。


あ〜ちゃんに誘われ飲みに出かけて、しくじったこともありました。

二十二歳か二十三歳の頃に、あ〜ちゃんがしょっちゅう飲みに連れてってくれました。

その夜は師匠の行きつけのバーに。

酔って来たのか、あ〜ちゃんが私に向かって突然、

「踊ろうよ」

奥さんに言われたら、断れない。

酔った勢いでチークダンスを踊ってたら、たまたま店に師匠が入ってきた。

「うちの嫁はんと、何しとんのや！」

いきなり、バーンと殴られた。

「いえ、これは……」

口を開こうとした途端、火に油を注いでしまったのか、いきなりジュークボックスの角に頭叩き付けられた。

頭切って、血がタラタラ流れて、二針縫いました。

それがトラウマになって、

「ああ、酔っぱらうのは命に関わるからやめよう」

九官鳥にイタズラした弟子は誰?

師匠が可愛がっていた九官鳥に、弟子がイタズラをしたことがある。鳥の鼻の穴につまようじを一本ずつさして、そのまま忘れてしまいよった。

そこへ師匠が帰って来て、

「誰やこんな悪さをしたのは」

するとその弟子、

「私は気づきませんでしたが」

と、とぼけた。

「ほな、何か? 九官鳥が自分で籠を開けて、台所へ行って自分の鼻につまようじをさして、籠へ戻って、自分でまた閉めたと、こういうことか?」

その弟子は悪びれることなく、

「はい」

と、きっぱり言い切った。

この話が楽屋から噺家仲間に徐々に広まりまして、そのおもろい奴は誰やということに

なった途端、後輩たちが、

「僕です」

「私です」

「わてです」

何人かが名乗り出た。

でも証人もいなければ、証明のしようもない。まさに芥川龍之介の藪の中。真実を知っているのは九官鳥のみ。でも、その九官鳥も今はあの世に旅立ちました。

「おい九官鳥〜、犯人は誰や〜」


いま、東京の噺家が使ってる九官鳥の小話は、原点が松鶴師匠の逸話。

師匠は電話を取ると、

「誰や、誰や」

と言うのが口癖。それをこの鳥が真似するようになった。

ある日、表にたばこを買いに出かけた。

まぁ近くやからと、鍵をかけないで家を出ると、入れ違いに御用聞きの酒屋さんが入って来て、

「こんにちは」

　すると九官鳥が、

「ダレや」

「酒屋です」

「ダレや」

「酒屋です」

　とうとうその酒屋、気を失って、そこへ倒れてしもうた。そこへ松鶴師匠が帰って来て、倒れてる男を見て、

「ダレや」

　すると九官鳥が、

「酒屋です」

　これが元ネタです。

第二章 上方落語と江戸落語

上方落語中興の祖とは？

ここからは、上方落語四天王についてお話していこうと思います。

立川談志師匠は「米朝師匠は上方落語中興の祖だ」とおっしゃっていました。

三代目桂米朝師匠と同じく、上方落語四天王の六代目笑福亭松鶴師匠は、大阪の噺家で最初に紫綬褒章をいただきましたが、人間国宝を目指してましたが、六十八歳の志半ばで病に倒れ、帰らぬ人と……。

米朝師匠は松鶴師匠の死後、人間国宝になり、噺家としては誰もなしえなかった文化勲章を授与しました。これは本人だけに留まらず、上方落語家全体の名誉でもあります。しかも、大学出のインテリ。作家・正岡容《いるる》先生の弟子やったんですが、何故か噺家の道へ。文筆家が演芸家に大変身。

この方が掘り起こした落語は数知れず、我々もその恩恵にどっぷり浸かっております。

芸には非常に厳しい方で、

「『三十石』という落語に出て来る船頭は、元々どこそこの出身やからこういう言葉や」

「つっこみは、同じ言葉の繰り返しはダメ。そんなアホなと使えば、次はそんなアホなことをと変えろ」

……などなど、とても勉強になります。

平成二十五（二〇一五）年にお亡くなりになった米朝師匠ですが、遺品の中に、ある文章が見つかりました。滑稽噺『親子茶屋』などについて、この部分はこう表現しなさい、と事細かに書かれていたという。

米朝師匠が発掘せなんだら、古典落語『天狗裁き』などの噺は残ってまへん。『一文笛』『まめだ』など、新作でも、ただ笑わせるだけのコントの寄せ集めではなく、上質な作品が多い。米朝師匠が得意とした『はてなの茶碗』の茶金さんが店へ出て来るときの上品さは、誰も真似できません。

怪談噺や人情噺は前半で思いっきり笑わせた方が、逆にぞ〜っとしたり、また泣いたりできるとも、教えていただきました。

幽霊を演じると綺麗なのは、三代目桂春団治師匠。『皿屋敷』のお菊、『高尾』の遊女が絶品でした。松鶴師匠がお菊をやると、化け物になってしまう。

忘れてはならないのが三代目桂小文枝（のちの五代目桂文枝）師匠、色気がたっぷりです。大店の御寮さんから、お妾さん、長屋のおかみさんまで見事な使い分け。

小文枝師匠で思い出すネタは『天神山』『船弁慶』『悋気《りんき》の独楽《こま》』でしょうか。私の『悋気の独楽』は小文枝師匠のものです。

上方落語四天王は、それぞれ得意なジャンルがあります。

春団治師匠が得意な『代書屋』『親子茶屋』は、米朝師匠直伝だそうです。

松鶴師匠は、とにかく出来不出来が激しかった。百パーセント超えるか、それとも0パーセントか。

米朝師匠は常に、八十パーセントをキープした安定感。

春団治師匠は生真面目。その典型的な例が、落語会で『代書屋』を演じてまして、途中でつまってしまい、もう一度やり直したことがあるほどです。

たまたまラジオの録音をとってまして、二回目なので間違ったところまではお客様は笑わない。しかしその後は、またお客様が笑い出しました。先に録音した前半のテープと後半の部分を切り取ってつなげてみると、ものの見事に遜色なく、オンエアーできたと、ラジオ局のディレクターも感心してました。すごい芸当やな。

松鶴・米朝・春団治・小文枝（のちの文枝）がいなければ、上方落語の繁栄はあり得なかったでしょう。四天王と呼ばれるには相応しい方々でした。

我々の時代に四天王が現れることはまずないでしょう。

やはり、四天王は偉大なり。

松鶴師匠と米朝師匠

昭和四十年代当時の大阪は、漫才全盛の時代。噺家はみな貧乏やった。楽屋で、松鶴師匠がうどん玉に醤油と湯をかけてザーッとかきこむ横で、米朝師匠がリンゴと牛乳を優雅に口に入れている。はたで見ている人には、米朝師匠はご飯の後でデザートを食べている、と映ったに違いない。まさか、メインディッシュがリンゴと牛乳とは思わないでしょう。こんなところにも、性格の違いがよう現れていた。

米朝師匠は理論派で、語りも上品。ただ、四天王のほかの三人は大阪の出身だから、生まれ故郷の姫路訛りをいじられて、それを気にしていた。

「松鶴がおしゃれ」

そう聞くと、首をひねる人もおる。古着屋で黒紋付の羽織を買ってきては、マジックで塗りつぶして五枚笹（笑福亭の紋）を書く人ですからね。

戎橋《えびすばし》松竹に東京から小文治師匠（弟子が今輔、その弟子が米丸と二人の落語芸術協会の会長を育てた大物）が来演したときのこと。

うちの師匠が弟子の代わりにお世話をしたら、千秋楽に自分の袴を師匠にくれた。よほど見すぼらしい衣装に同情したんでしょうな。

「ありがとうございます、大切に使わさしていただきます」

松鶴師匠、そのまま質屋へ直行。飲み代と消えました。


「米朝とわしとではラベルが違う」

と、師匠がおっしゃった。

「それはレベルでっしゃろ」

と、訂正すると、

「ビールでもそうや、キリンはキリンのラベル、アサヒはアサヒのラベル。そうやさかい、わしは間違うてない」

絶対負けまへんやろ。


米朝師匠が大阪府民劇場賞をもらったときのこと。授賞式の楽屋で、

「米朝さん、あんたこの頃忙しくて、あんまり寝てないやろ」

「ここんとこ寝不足で」

「だからもらった賞が府民賞（不眠症）やな」

米朝師匠が人間国宝になった頃のこと。

新幹線の車両で、師匠がたばこをふかしていた。それを見た車掌さんが、

「すいません、この車両は禁煙ですが」

とたしなめた。師匠がすかさず、

「米朝です」

なんぼ人間国宝でも、ルールは守らんと！

米朝師匠は四十歳までマスコミに出てましたが、その後、落語の方に力を入れて、名人と言われるまでになられました。この潔さは、なかなか真似ができない。どうしても未練たらしくダラダラ続けて、自分を見失ってしまう。

ホール落語という形式を確立したのは、米朝師匠。いまでも弟子に受け継がれております。上方落語家で、日本全国どこでも受け入れられた、わかりやすい大阪弁で噺をするのが上手かった。一方、松鶴師匠はコテコテの関西弁、受け入れられない場所も多々あった。

これも自分の流儀と個性。優劣つけがたい。

三代目桂春団治師匠は親友

初代桂春団治師匠は、上方の噺家すべてに影響を与えました。その死後、「芸風が似ている」ということで名を継いだ二代目の息子が、うちの師匠六代目笑福亭松鶴と兄弟分の三代目桂春団治師匠。

うちの師匠は、この兄弟分に対しても悪口を言うのだから、最初は驚きました。なにしろ、うちの師匠の悪口は趣味でんな、というよりは、もう病気でんな。テレビで噺家が一席やってると、必ず文句をつける。

「仕草が違う」

「目線が悪い」

「間が悪すぎる」

「マクラが長い」

「訛っとる」……

これが親友であり、弟分の三代目春団治師匠にも向けられる。

「こいつは船頭が下手や　これやったらまるで若旦那や、上品すぎる」

もう言いたい放題。あれはテレビに出てるライバルに対しての嫉妬やな。

ある晩、二人で飲みに行くと、春団治師匠が六代目に、

「兄貴、俺は一生兄貴についいて行くで」

言われた松鶴師匠、

「お前は親友であり、可愛いい弟分や、お前くらい噺が上手くて、信頼できる奴は他には居らん」

と肩を抱き合って泣いてた、というのを聞いたことがある。落語のスタイルも普段の行いも対照的だった二人。松鶴師匠は春団治師匠のことを焼きもちで悪口言うてたが、春団治師匠は松鶴師匠の悪口は言わなかった。

そこで米朝師匠の名言、

「親友を悪友と呼ぶ仲の良さ」

また、これは弟弟子から聞いた話なんですが、私が東京のテレビで江戸落語対上方落語という番組に出たことがあります。若手の東西対決、これを見た師匠が弟子に、

「見て見い、負けとらんやないかい」

陰で何で泣かせまんのや　あの鬼瓦は！

三代目桂春団治師匠は愛すべき人

松鶴師匠は、少年時代に右足に重傷を負ったんやけど、よくこう言うてました。

「足が悪いのは、噺家の野球大会で満塁の打席に立ったとき、春団治が本塁に盗塁して滑り込んだ際、わしの足にぶつかったんや」

それに対して、春団治師匠は負けてまへん。

「オレは浪商野球部出身や。ルールも知っとる。なんで満塁で本盗するんや。アホか。お前の師匠に言うとけ」

わてが怒られましたがな。


松鶴師匠と兄弟分というので、一門を超えてよく可愛がってもらいました。

三代目春団治師匠がカラオケで唄うのは『浪花しぐれ桂春団治』（唄：京山幸枝若）です。

『浪花恋しぐれ』は唄わなかったんです。

それもそのはず。

♫今日も呼んでるど阿呆春団治♫

「誰がど阿呆やね」

と、いつもぼやいてました。


そういえば、こんなこともありました。

エレベーターの中で、

「うあぁ、師匠、大ファンです」

男の人に抱きつかれて喜んでいると、後で気がついたら、財布を盗まれてた。

このスリ、二重にあかんね。三代目の心をもてあそんだ。


羽織の脱ぎ方が綺麗、と評判の三代目。東京に来たときに、うっかり羽織の紐を忘れて来たことがありました。

そこで漫才の内海桂子・好江ご両人の好江さんが、金のネックレスで紐代わりに結んでくれた。そのまま高座へ。いつものくせで羽織を脱ごうとしたが、脱げずに四苦八苦してはりました。あせったやろなぁ。

持ちネタが少ないのにはワケがある

三代目桂春団治師匠は米朝師匠と違って、持ちネタが十本程度しかなかった。若くして大看板を継いだから、完璧にやれるネタしか高座にかけなかったんやね。

三代目春団治の襲名が決まったときに、米朝師匠が春団治師匠（当時・福団治）に言ったそうです。

「もっとネタを増やさないかん。稽古したろか」

カチンときたのか、後の三代目、飲んだ勢いで、

「必要ない」

と啖呵《たんか》を切った。

明くる日、酔いが醒めて反省したのか、そのまま武庫之荘の米朝師匠の自宅へ。一升瓶を土産に持って訪ねて行くと、まだ米朝師匠は睡眠中。

そこで何をしたかというと、寝てる枕元に座って、起きるのをずっと待ってた。目を覚ました米朝師匠、驚いたなんのって。

「な、何や、君?」

「稽古頼むわ」

頭を下げて『代書屋』や『親子茶屋』を教わった。これが春団治師匠の十八番になったんやから、教える方も教わる方もすごいといえばすごい。

それでも、春団治師匠の持ちネタは十二本だから、松鶴師匠のように十三夜はできなかったらしい。


その春団治師匠の十八日後に生まれたのが、四天王の一人、三代目桂小文枝師匠。私の高校の大先輩や。よう親子丼を食べに連れて行ってくれました。ちなみに、小文枝師匠は天王寺商業で、私は定時制で天王寺第二商業です。

晩年に五代目桂文枝を名乗るんやけど、ずっと空いていたのに、三十八年間、六十二歳になるまで小文枝で通した。陽気な語り口で、女性が主人公の演目が得意でした。

小文枝師匠が亡くなったのは平成十七（二〇〇五）年、享年七十五。そのとき、もっともショックを受けた噺家は、春団治師匠でした。

四天王の没年は、うちの松鶴師匠がもっとも早く、昭和六十一（一九八六）年で享年六十八。米朝師匠が平成二十七（二〇一五）年で享年九十。春団治師匠が翌年の平成二十八（二〇一六）年で享年八十六でした。合掌。

噺家の学歴は？

今の時代は、東大、京大、早稲田、慶応、並べたらキリがないほどの高学歴が噺家の門をたたく時代。我々のときは高校出がほとんど、中学卒業も珍しくなかった。松鶴師匠の時代はもっとすごかったらしい。師匠いわく、

「米朝は大学出とるから、落語が理屈っぽい。小文枝（後の五代目文枝）は天王寺商業出身やから本で勉強しとる。春団治も有名高校出てるけど、字が読めまへんね」

私は楽屋で春団治師匠が新聞を読んでるのを見たとき、テレビ欄を見ながら、

「今日は何を観ようかいな」

とつぶやいてると、兄弟分の松鶴師匠が、

「テレビは観るものやない。出るもんや」

その当時、二人はあまりマスコミには取り上げてもらえなかった。でも、米朝師匠はちょくちょくテレビ、ラジオに出だしてましたな。

うちの師匠は、学歴に対してインタビューでこう答えてました。

「噺家に学歴はいりまへん。必要なのは学問です」

松鶴の『らくだ』に鳥肌たてた東京の噺家

松鶴師匠の『らくだ』を聞いて鳥肌をたてた東京の噺家は、古今亭志ん朝師匠と立川談志師匠です。なんでも、二人一緒に聞いていたらしい。

この二人が道頓堀の「角座」に来ると、うちの師匠は彼らを後ろの出番にして、自分は前の方に出る。大看板でこういう思いやりができるのは、松鶴師匠ただ一人。他の人はわしの方が先輩やとばかり、出番を譲らない。

一度、談志師匠が「角座」でトリをとることになりました。「角座」史上始まって以来の出来事です。さすが、人気者のごり押しは支配人を動かす。

普段のトリの宮川左近ショーも、内心は面白くない。いつもより力を入れてやるものだから、もうお客様はお腹一杯の大満足。

浪曲ショーのあとは、落語の高座を作るために、いったん緞帳を閉める。この時点で、客席は半分になりました。

改めて幕が開き、出囃子で談志師匠の登場。開口一番、

「俺の芸のわからねえ奴は、いますぐ帰れ」

これでまた、半分が消えました。

中には高座の前まで来たおじさんが、

「帰ったるわい、アホ」

捨て台詞を残して去っていく。

その後、『小猿七之助《こざるしちのすけ》』という笑いの少ないネタを四十五分間。漫才を楽しみに来たお客様はぐったりとして、帰路に立つ。

その点、志ん朝師匠はそつがない。

『強情灸《ごうじょうきゅう》』や『時そば』を淡々とやってました。


楽屋へお邪魔すると、談志師匠が飲みに誘ってくれました。

心斎橋を歩いてると、酔っぱらいが声をかける。

「よ～、芸人」

談志師匠がすかさず返答、

「何や、貧乏人」

もう一触即発。

このとき〈この方と飲むのはやめよう〉と心に誓いました。

　次の朝、大阪のラジオに生出演した談志師匠。

　パーソナリティーが聞きます。

「二日酔いですか?」

「夕べ、鶴光と一緒に」

「眠いですか?」

「来たくなかったよ、こんな状態で。そうだろう、土〇(肉体労働者の呼び方)だって、雨の日は休むんだから」

　すぐにコマーシャルに入り、しばらく音楽が流れてました。

　放送禁止用語なんか、お構いなし。

　とうとう「角座」出演五日目に、反社会勢力の人に木刀で頭を殴られ、何針か縫ったそうです。

　その話を聞いた松鶴師匠が、

「談志は頭の切れる男だ」

11月出番表　43

角座	(松竹名人会)	コント あはさん ごせぼん 十治	古川 一二三子 一郎	奇術 アダチ 荘一	おんな放談 吾妻 ひな子	音楽ショウ 横山ホット ブラザーズ	三遊亭 小円 木村 栄子	落語 笑福亭 松鶴	中田 ラケット ダイマル	浪曲 春野 百合子	東京落語 古今亭 志ん朝	海原 お浜 小浜	東京落語 立川 談志	上方 柳太 柳次	かしまし娘 正司 照江 花江 歌江
	浅田 エミコ ニット	歌謡浪曲 キクタ ショウ	尾乃 道子 河内 文春	若井 ぼん はやと	落語 桂 文紅	歌謡浪曲ショウ ジョウ サンズ	・今次 千歳家 今若	松鶴家 千代八 桜川 末子	島 ひろし ミス ワカサ	奇術 中国コミック センジー 北京	京 はる子 五条家 菊二	曲芸 宝家 和喜美 和楽	ラッパ 平和 日佐丸	浪曲ショウ 宮川 左近	
	平和 勝次 勝治	堤 よし枝 英二	落語 桂 小春	コミック剣戟 サムライトリオ	桜山 梅夫 桜 津多子	漫楽ショウ スカタン ボーイズ	かもめ 加茂川 ちどり	紅 田鶴子 東 五九童	浪曲 京山 幸枝若	奇術 一陽斎 正一	中村 春代 砂川 捨丸	落語 桂 春団治	フラワーショウ 華 ゆり ぼたん ばらん	ロマンリズム 暁 伸 ミス ハワイ	

昭和43(1968)年11月当時の「角座」の出番表　志ん朝の三つ前が松鶴になっている

何にでも首を突っ込む談志師匠

かつて地方のホテルで成人チャンネルを見ていたら、なんとバンダナを巻いた立川談志師匠が亀甲縛りの女性をムチで叩くシーン。今でも忘れまへん。タイトルは『団鬼六・人妻蟻地獄』ちゅう作品や。

団鬼六さんと談志師匠は仲が良かったから、きっと友情出演なんでしょうな。縛られた女優の小川美那子さん、きれいやったで。

談志師匠は弟子によく「何にでも首を突っ込め」言うてた。まさに、自ら実践したわけやね。

談志師匠はまた、どこでも常にトップになると考える人やった。前座の柳家小よし、二つ目の小ゑん時代からのライバルの古今亭朝太が五年遅い入門なのに、突然三十六人抜きで真打に昇進し、三代目古今亭志ん朝になりました。

談志師匠はおそらく、

「芸歴も芸も人気も、オレのほうが上だ」

と思うてたんやないか……。

さらに、これまた入門が三年遅い三遊亭圓楽にも、真打に先を越されてしまう。

「いずれオレは小さんに、圓楽は圓生に、志ん朝は志ん生になるべき」

と、自ら『談志楽屋噺』で書いていたぐらいやから、ほんま悔しかったと思うで。

当時（一九六三年頃）、世間は「上手い志ん朝、達者な談志、おもろい（月の家）圓鏡（のちに八代目橘家圓蔵）」との評価。名人は一人やけど、達人は何人もいるイメージですな。

談志師匠は、それも気に入らないと思うてたんとちゃうやろか。

昭和四十八（一九八三）年、真打昇進試験制度の運用をめぐって、師匠であり落語協会会長でもある五代目柳家小さんと対立して、落語協会を脱退。すかさず落語立川流を創設してトップになり、家元を名乗ることとなりました。

この家元制度について、我が師匠の松鶴は大反対しとった。

「弟子は自分の子どもみたいなもの。育てる過程が面白いんであって、弟子からカネを取るちゅうのは何事や」

談志師匠に届いていたのかどうか……。

「何にでも首を突っ込め」の精神からか、談志師匠が選挙に出ました。昭和四十四（一九六九）年の衆議院選挙。旧東京八区から無所属で出馬。

そのときに、友達の月亭可朝師匠が応援に行き、何を思ったのか、

「談志が出るなら、俺も出る」

その日のうちに届け出を出す。

当時、可朝さんはテレビ番組『新婚さんいらっしゃい』を三枝（現文枝）さんと二人で司会をしていました。急遽、三枝さんがＭＣになり、それからいまやギネスブックに載る記録を立てた、そのきっかけは可朝師匠の突然の立候補でした。

八万票を取ったが、あえなく落選。

談志師匠も「東京は東京を愛する者に任せろ」「相談に乗るぜ、力になるぜ」とキャッチフレーズは勇ましかったものの、残念ながら落選。

二年後の昭和四十六（一九七一）年、談志師匠、名誉挽回と思ったのかどうかは知りませんが、今度は参議院議員の全国区に無所属で出馬しました。

選挙のときに先代の林家三平師匠が応援に来て、選挙カーに乗って応援演説。

「林家三平がご挨拶にまいりました。どうもすいません。奥さん、こうしたら笑ってくだ

さい。林家三平です」

と、自分の名前を連呼。東京の根岸（三平師匠の住居）で、林家三平に十八票入ったそうです。

全国区五十人中五十位と、最下位での当選。そのときの談志師匠の当選コメントがふるっています。

「寄席でも選挙でも、真打は最後に上がるもんだ」

負け惜しみも、いかにも談志師匠らしい。


小さん師匠のすすめもあり、自民党に入党します。

昭和五十一（一九七六）年、沖縄開発政務次官に就任。

颯爽と沖縄に飛び、沖縄海洋博にあたって記者会見に臨みました。そのいで立ちたるや、濃いサングラスをかけ、派手なラッパズボン。しかも困ったことに、二日酔いで目が真っ赤だったそうです。

厳しい質問を投げかけた記者に切れた師匠、

「うるせー、出てけ！」

この一言で、政務次官のポストを棒に振りました、愛すべき師匠の一人です。

この世の高座

立川談志師匠といえば、こんなことがありました。

横浜の紅葉坂にある会館でギリギリに入って来て、高座で漫談五分で降りてきてしまう。

主催者が飛んできて、

「看板ですから、三十分はやっていただかんと」

クレームつけると、夜の部は五十五分やって、

「これで時間どおりだろ」

昼の部のお客様、災難やがな。それでも名人です。


前にも書いたように、上手いのが志ん朝、達者なのが談志、面白いのが円鏡（後の円蔵）。

この三つを備えた噺家は、未だに存在しないのではないでしょうか。

志ん朝師匠は努力の人で、生前よくおっしゃってました。

「落語の師匠は松鶴で、芝居の師匠は三木のり平」

ものすごくネタを繰る人で、皮肉屋はこういう人のことをネタ繰り老人（寝たきり老人）

と呼んでました。

志ん朝師匠の家には麻雀部屋があって、奥様が友達と麻雀をやってる間、二階でずぅ〜っと何時間でも練習。稽古のしすぎで、ふらふらになって二階から降りてきます。完璧主義やからね。

うちの師匠から習った『蔵丁稚《くらでっち》（四段目）』の歌舞伎の仕草から細部に至るまで、見事に演じてらっしゃいました。

もう少し長生きしたら間違いなく人間国宝やったな。

亡くなった後、師匠のお姉さんがインタビューに答えて、

「私の命を削ってでも、あの子には長生きして欲しかった」

と、涙ぐんでらっしゃいました。

芸もみんな、あの世へ持って行くねんな。惜しい、悔しい。

あるとき、静岡県の焼津市民会館の『志ん朝こん平二人会』に呼んでもらいました。タクシーに、こん平師匠に同乗させてもらうと、ドライバーの方が、

「いつもテレビで見てます」

「ありがとう」

「失礼ですが、お名前は？」

むっとしたこん平師匠、

「三船敏郎です」

意味がわからん。


会場に到着すると、客席は超満員。

志ん朝師匠は楽屋にこもって、本日やる落語を繰り返し練習してます。

さて本番。

『小言幸兵衛《こごとこうべえ》』を実に見事に演じきり、大喝采。

それなのに、なかなか緞帳が降りてきません。

師匠のいら立ちがわかったので、私が関係者に指示。それでやっと、幕がす〜っと降りてきました。

関係者が、

「お疲れさまでした」

と声をかけると、志ん朝師匠が、

「もう少し早く緞帳を降ろしてもらわなきゃ、タイミングが狂うよ」

「すいません、聞き惚れてたものですから」

うまいなぁ、このフォロー。

志ん朝師匠、思わずにっこりして、

「みんな、打ち上げは豪勢に行こうぜ」。


師匠のおごりで、高級な焼肉屋さんへ――。

その場でこん平師匠が、

「いやぁ、名人と言われた兄貴と同じ時代に生きて、同じ空気を吸えて、同じ舞台に立てて、俺は本当に幸せだ」

とヨイショが始まる。志ん朝師匠の奥様が、

「私、きょう忙しかったから、すっぴんなの」

「え〜、素顔でその美貌」

こん平ヨイショ第二弾。とどめが、

「私、昨日ゴルフに行ったの。でも、失敗続き、なかなかまとまらなかったの」

とぼやく奥様に、

「いいじゃないですか？　顔がまとまってるんですから」

いよ〜、ヨイショの達人。

そんなこん平師匠も難病の末、他界。おそらく、あの世でもヨイショかましてるやろな、閻魔様に！

談志七十五歳、志ん朝六十三歳、そして松鶴は六十八歳。いまの高齢化社会だと、まだまだこれから。

みんな、この世の高座から降りるのは早すぎるんと違いまっか？

ヤマアラシの竹

うちの師匠が、志ん朝師匠の弟子を預かったことがありました。でも、弟子が江戸弁を話すからなのか、うちの師匠と馬が合わなかったのか、半年ほどで辞めてしまいました。

そのとき、その弟子が仲間に、

「俺はな、いずれ警察官になって、松鶴を逮捕したる」

と捨て台詞を残して去ったそうです。

「そんなことができるわけがない。ほっとけほっとけ」

師匠は相手にもしませんでした。

時は流れて——。

風の噂で、やめた弟子が本当に警察官になったらしい。

それ聞いた上方落語の大御所が不安な顔になり、

「あいつ、わしをほんまに逮捕する気や」

とおびえだしたんです。結構怖がりでした。

常日頃からうちの師匠は、

「俺は子どもの頃から『ヤマアラシの竹』と、みなに恐れられてたんや（本名が竹内日出男）」

なんて言うとりました。

自著『極めつけおもしろ人生』の中で、師匠は自らこう語っています。

『あまり自慢できたことやおまへんが、私は昔から血の気の多い方で、怖いもの知らずなところがありました。ですから、随分いろんな喧嘩をやってきたもんです。奉公先の仲間やられたりしたら、真っ先に飛んで行って仕返しをてやった。相手がどんな人間でも、臆するいうことがほとんどありませんでしたし、いつでもムチャクチャするわけです。そのうちデンコ仲間の間でも有名になってしもて、私は本来、れっきとした堅気の奉公人やのに、いつの間にかデンコ連中からは「山嵐のタケ」と、二つ名で呼ばれるようになったものです』

デンコとは、今でいうヤンキーのような感じでしょうな。

ところが後日、師匠のお姉さんにうかがうと、

「よう泣いて帰って来る子やった」

とのこと。ヤマアラシの竹、本当は泣き虫やった。

刑務所慰問の本当の目的

うちの師匠は、刑務所へ慰問によく行ってました。

私も修行時代、少年刑務所に行かされました。もちろん、ギャラは無料。昼ごはんにパンを二個くれる。

自信をなくせば、刑務所へ行くのがいい。受刑者は日ごろ笑いに飢えているから、まぁ笑う笑う。

『寿限無』てこんなに笑う話なのかと、逆に感激するぐらい。

受刑者はみな坊主頭、我々前座（この制度は大阪にはない）もくりくり頭。散髪に行ってる余裕がないもんですから。

公演が終われば、刑務官の人が護送車で駅まで送ってくれていました。

坊主頭で風呂敷を持った見すぼらしい前座の私たちが護送車から降りて、

「お世話になりました」

と頭を下げると、係の人が声をかける。

「頑張りや」

周りで見てる人はおそらく、

「あれは少年刑務所から出てきた人たちやな」

と思ったことでしょう。


刑務所といえば、こんな小噺が――。

知り合いが刑務所から出てきたので、洋菓子を土産に持って行くと、その人が言う。

「いやぁ、もう刑期（ケーキ）はこりごりだ」

もう一つ小噺を。これもある噺家の作品。

森進一さんが川内康範さんと『おふくろさん』の歌詞でもめたとき、洋菓子をお詫びに持って行った。

でも、本当は年配者だから和菓子の方が良かった。歌詞（菓子）を間違えた。

師匠が刑務所に慰問に行く目的は、

「慰問に行っといたら、泥棒に入られる心配はない。あの連中は恩義を忘れない」

つまり、泥棒仲間のネットワークがあって、

「我々に無償で笑いを提供してくれた方の家には、盗人として忍び込んではならない」

という掟があるというのが松鶴師匠の考え。そんなもんあるのかしらと思っていたら、あるとき、師匠が借家の近くに風呂付のマンションを借りました。その途端、泥棒に入られ、大事なものをみんな持って行かれました。

その中に、五代目松鶴と書かれている半纏《はんてん》があった。これは、師匠がもっとも大事にしていたもの。

これには、師匠も泣くに泣けず、

「お願いやから、あの半纏だけは返しておくんなはれ」

と誰に言うともなく、嘆いていました。

数日後、警察から電話。

「半纏が見つかりました」

喜んだ師匠は、すぐに聞く。

「どこにあったんです?」

電話の向こうでは、しばし言いよどんだが、気の毒そうな声で、

「ドブに捨てられていました……」

あ然とする師匠。言葉のかけようもありません。

泥棒に仁義、掟は存在しないことを思い知らされました。

師匠念願の島之内寄席開場

「大阪から上方落語の灯を消したらいかん」

これが父から子へ、五代目松鶴から六代目松鶴に残した遺言でした。

五代目松鶴という人は亡くなる間際まで、『天王寺詣り』をしゃべって息子に伝えようとしたらしい。

最後に脱脂綿のお酒をしたし、唇を撫でてやると、顔に赤みがさして、そのまま旅立ったそうです。

落語家で食えない芸人が、漫才にドンドン転向した時代。

「くやしかったら、落語で客入れてみなはれ」

前述したように、この漫才師の一言で、松鶴師匠は上方落語協会の会長になった途端に、落語の定席『島之内寄席』をこしらえました。

自著の中で、師匠はこう振り返っています。

『私はもちろん、意を同じくする仲間たちが集まり、みなで奔走した結果、ようやく昭和四十七年になって、それが実現するわけです。大阪の南区千年町にある島之内礼拝堂を借り、協会初の定期的な自主興行として、「島之内寄席」が始まることになったわけです。毎月五日間を定席とし、第一回は二月の二十一日からスタート。五十人の噺家が参加してくれました。

キリスト教の教会という、およそ落語とは縁遠い場所を借りたわけですが、開席の当日は、協会員総出で提灯を表に飾ったり、下足札を用意したりで大変な騒ぎでした。私も表で呼び込みをしたり、下足番をやったりで先頭になって働かせてもろたもんです』

消防法の関係で毎日の興行は無理やったそうですが、待ちに待った落語ファンが押し寄せて毎日満員になりました。

しかも、上方落語協会会長が自ら下足番をしています。

頭が回らにゃ尾が回らん。

それにならって米朝、春団治、小文枝（後の文枝）の四天王がお出迎えやなんて、なんと贅沢なことか。

もうそれだけで、お客様は大満足。

帰りのお客様には、全員でお見送り。

寄席が終演した後、松鶴師匠は弟子にお酒を買いにやらせて、私をはじめ若手一人一人に注いで回って、

「やっとここまで来れた。いまはまだこんな状況やけど、お前らの時代には必ず三百六十五日できる落語の寄席をこしらえてくれ」

と涙ながらに話してくれたのが、未だに脳裏に焼きついております。

しかも、寄席がお客であふれているのを見た漫才師から「私たちも舞台に出演させてください」というリクエストがきました。あれほど落語をバカにしていた彼らのことを、師匠はこころよく「どうぞ」と歓迎したのだから、やはり師匠は器の大きい人だ。

この努力が実って、天満の「繁昌亭」がお客様方の寄付によって出来上がりました。なんと一億円以上のお金が集まりました。まさに、大阪の人間が結集してできた府民、市民の寄席です。

私も東京の団体に寄付を頼みましたら、快く応じてくださいました。私はこの「繁昌亭」に出るとき、必ず師匠の形見である羽織の紐をつけて、

「師匠、ここが天満の繁昌亭でっせ、三百六十五日できる落語の定席でっせ。おやっさん、やっと夢が実現しましたな。良かったでんな」

と、心の中でささやきながら高座を務めさせていただいております。

師匠が紫綬褒章を受賞

『島之内寄席』の功績により、うちの師匠は昭和五十六（一九八一）年に、上方落語家初の紫綬褒章という立派な賞をいただくことになりました。

ところが、三十年間市民税を払わなかったのがバレて、取り消しになりかけたんです。後でローンで払うということで、もらえることになったそうですが……。

その受賞の電話を取ったのが、師匠の奥様のあ～ちゃん。

「いいえ、私は留守番の者でよくわかりません、いま、道頓堀の角座に出てます。電話番号をいまから言いますので、そちらへお願いします」

受話器を置くと、あ～ちゃんが哀しそうな声で、

「あ～、お父さん、また悪いことしたんやわ。いま、文部省から電話があった。どうしよう」

文部省と法務省を間違えたそうです。三十年市民税ためるほど、何でそんなに貧乏してたのか。

その授賞式のパーティでのこと――。

取材に来たインタビュアーが、

「師匠、このたびはおめでとうございます、健康の秘訣は？」

「はい　きん○まの裏にピップエレキバン貼ってまんね」

これがテレビで流れたから、普通なら大問題になってもおかしくないところ。

ところが後日、その会社からエレキバンがいっぱい詰まった段ボール箱が送られてきました。同封されていたメモ用紙に、こう書かれてました。

〈そういう使い方は間違ってます。肩か腰にご使用ください〉

師匠、わざとあんなこと言ったんとちゃうかな。

上方漫才大賞と上方お笑い大賞

上方の演芸会でもっとも長い歴史を誇る『上方漫才大賞』は、昭和四十一（一九六六）年にラジオ大阪が設立しました。平成十七（二〇〇五）年度の第四十回以降は、ラジオ大阪と関西テレビの両局が主催しています。

わてがまだ若手だったときのこと――。

ラジオ大阪のプロデューサーから、こんなことを言われました。

「大賞発表のとき、〝噺家にも賞を出せ〟と書かれたプラカード持って、乱入してくれ」

若手やから、断ることもできまへん。言われるがままに、プラカード持ってなだれ込みました。

間が悪いことに、我が師匠の松鶴が審査員でいたものだから、たまったもんではありません。

「おのれは何ちゅう、あさましいことをするんや！」

えらい怒られてしもた。あわや、破門になるとこでした。

師匠にしてからも、噺家の賞がないのは悔しかったに違いないのに……。これでは、ただの怒られ損や。

その後、昭和四十七（一九七二）年に読売テレビ主催の『上方お笑い大賞』が始まったんや。一回目の大賞受賞者は、我が師匠の松鶴と桂米朝師匠の二人。上方で落語が認められた瞬間やった。

残念なことに、この賞は平成十八（二〇〇六）年度をもって、三十五年の歴史に幕を閉じてしもた。

私は縁がなかったんやけど、親友の桂ざこばさんが平成四（一九九二）年に大賞を受賞しました。このときは、わがことのように嬉しかったなあ。

芸人はみなギャンブル好き

関西の寄席は漫才中心で、落語家はあまり歓迎されません。

松鶴師匠が『遊山船《ゆさんぶね》』というネタをやってまして、

「州という字を付けると、粋に聞こえる。例えば虎やんなら虎州　竹やんなら竹州やな」

「なるほど、虎やんが虎州で竹やんが竹州か。ほな、万さんやったら万洲（満州）てなもんやな」

客席は水を打ったごとく、シ～ン。

「このお話は、きょうのお客様にはお気にめさんようなので、このへんで止めさせてもらいます」

五分で降りてきました。後の出番の漫才の人が、

「何をするのやな、松鶴さん。まだズボン履いてないがな」

大あわてなのを横目に、うちの師匠、素知らん顔で麻雀の続きをやってました。


大阪は二回ないし三回公演なので、間の待ち時間が四時間くらいある。必然と楽屋のギャ

ンブルが盛んになるわけです。正月の生放送のテレビ番組で楽屋へインタビューに来たとき、師匠が自分の部屋でポーカーをやってまして、そこへテレビカメラが――。

一万円札があちらこちらに散らばっている中、松鶴師匠が苦しい言い訳をしました。

「これね、玩具のお金で遊んでまんね」

後で警察の事情聴取を受けたそうです。この状態がいずれ野球賭博に発展して、たくさんの芸人が逮捕されて大騒動になるわけです。

月亭可朝さんの家に刑事が来まして、やばいと思った可朝さん、ギャンブル専用の手帳を隣の家へ投げ入れて、やれ安心と応対してますと、隣人のお婆ちゃんが入ってきて、

「可朝さん、これ落ちてましたよ」

即、逮捕だったそうです。警察所内で、

「私、何を悪いことしました？」と質問すると、担当官が、

「あんたは暴力団に資金を提供した」

可朝師匠、堂々と相手の目を見ながら、

「それは違います、私は勝ちました。暴力団から金を取り上げた。表彰されるべきです」

そのまま留置場に放りこまれました。

なんの勝負や？

松鶴師匠はいらちなだけでなく、時々気が長いこともありました。

ある漫才師に、誰とでもベッドを共にすると噂の女性を紹介されて、

「師匠そのままホテルへ」

「いやいや、とりあえずステーキ食べに行こう」

漫才師と女性と三人で高級な店へ。食事が終わると、

「師匠、そろそろホテルへ」

「もう一件、フラメンコの踊り子の店で一杯」

また思いっきりお金を使うて、さぁこれからお楽しみと思いきや、その女が、

「この人とは嫌や」

と言い出しました。逆上した松鶴が発した言葉、

「この売女《ばいた》！」

まだ何もしてへんがな。

女性は怒って帰ってしまう。仕方がないので、その漫才師と二人でタクシーに乗ると、

雨がパラパラ。そこで師匠の顔をちらりと覗き見ると、目に涙を浮かべてたそうです。これが本当の涙雨。

あとは旅館で酔っぱらって、二階から落ちて自分が泊まっている旅館と隣りの旅館の間の壁に挟まって、そのまま朝まで寝てたらしい。まるで忍者やがな。

旅館といえば、こんなこともありました。ある寒い日、地方の落語会のまくらで師匠が、

「昨日、近くの旅館に泊まりまして、酔うて帰って、何かのスイッチを切ったんですな。これが全館の暖房機を止めるやつで、全員が風邪をひきまして。明くる日、旅館の主人がぼやいてました。松鶴は暖房（乱暴）な奴や」

客席の反応はいまいちでした。

本人は受けると思うたんやろね。高座から降りてくるなり、

「ここの客は、高尚な洒落はわからんみたいやな」

暖房と乱暴？　これ、高尚なギャグだっしゃろか？

東京にもいらちな方はおられまして、落語芸術協会初代会長の六代目春風亭柳橋師匠がそうです。大阪へ行くというので弟子が見送りに行くと、一時間前からホームで待ってた

とのこと。

「師匠、早いですね」

「当たり前だ、新幹線は速いんだぞ」


松鶴師匠もいらちですから、早い時間からホームで並びます。他の人の迷惑になるのも、おかまいなし。

飛行機でも搭乗券持ってるのに、一番前に並びたがります。その訳を聞くと、師匠、

「ええ席に座れる」。

もう決まってるちゅうのに。


わかりやすい、いらちエピソードがあります。

大阪厚生年金会館で松鶴一門会がありました。

師匠は「午後六時開演やから四時に会館に集合」と号令をかけます。

弟子どもが楽屋へ集まると、そこへ口に楊枝をくわえた師匠(木枯らし紋次郎じゃがな)、

「ハハハ、勝ったな。わしは三時半から来てた」

なんの勝負や?

東京と大阪の違いとは？

松鶴師匠が東京の寄席に初めて出たのは、昭和二十五（一九五〇）年のこと。そのときは、大変だったと聞いています。自著『六代目笑福亭松鶴――その芸・人・一門――』（光村推古書院・昭和六十一年）で、こう語っています。

『あの当時、東京の偉い師匠なんか「なんでえ、上方の芸なんか聴けるけえ」いうて、頭から相手にしやはらしまへん。

けど、わたいはあんがい平気でしたな。東京にない噺の「竃盗人《へっついぬすっと》」ね、ジャジャジャジャージャージャーと小便して歩くような、あんな噺ばっかりするんだ。すると、お客さん、ワァーと笑うてくれはる。

ほたら、ある大師匠が「こちらへいらっしゃい。東京ではね、ああいう下品なのはしゃべらないの。噺家はね、芸術家なんだから」といわはるんだ。

「いえ、わたいは芸術家と違います。芸人だんねん。そやさかい、お客さんが笑うてくれはったらよろしいんですわ」いうてね。

「寄合い酒」や「相撲場風景」やとか、あのころの新作で「白鳥の湖」やとかね、あんなんやるとお客さん、ほんまに喜んでくれはりました。そんなんで、わたいが東京へは一番ようけ行きましたな』

いかにも師匠らしいエピソードです。

そんな師匠が、東京と大阪の違いを同著の中でズバリ言い切っています。

『東京のお客さんはね。自分がおもろのうても、まわりの人が笑いはると、付き合いでワハハハいうて笑いはるんだんな。

その点、大阪のお客さんはシビアです。ほんまにおもろないと笑てくれはらへん。

そやから東京の師匠が、大阪の名人会なんかへ来やはるとあきまへんな。

あの志ん生師匠なんか五分ともたしまへん。しゃべりはじめると、客席がシラーッとしてくるんだ。

ほな、すぐイヤになってしもて「おっ、あくびしてんね。あたしゃ日本人だよ。日本語でしゃべってんだよ。あ、そう。じゃ、よすよ」いうて、すうっと入ってしまいはるんだ。

ほんで楽屋で「わからねえ野郎に噺したって仕方がねえや」いうてね。

ところが大阪の芸人はちがいます。お客さんがどんだけあくびしようが何しようが、最後まで一所懸命やりまっさかいな。

それだけ大阪のお客さんは正直だんね。芸人のためにはその方がええと思いまんな』

さらに、同著ではこうしめくくります。

『東京の人情噺、大阪の滑稽噺いいましてな。

もともと東京では膝の上へきちんと手を置いて、しんみりとやったもんだ。派手なんは大阪ですわ。しょっちゅう手ェ動かしたり体を動かしたり、バーッとやるわけだんな。

前の柳橋師匠が大阪へ来やはって、「湯屋番」をやらはったんですけど、初めのうちはちょっとも受けしまへん。

ところが番台に座って落ちる場面で、上方に合わせて思いっきり派手にやったところが、高座から転げて落ちはりましてな。それがえらい受けて、いっぺんに人気が出たことがありました。

三代目の小さん師匠が、大阪の滑稽噺をぎょうさん仕入れて持って帰りはった。それをきっかけに、ほかの東京の噺家も次々と大阪で習うて、東京でやるようになった。

そやさかい、いま東京でやっている滑稽噺はほとんど大阪ででけたもんです。ま、「火焔太鼓」とか「お直し」とか「粗忽長屋」とか、東京で生まれた噺もありますけど、だいたいが大阪のもんだんな』

師匠のころといまとでは、多少変わっているかもしれませんが、わてが感じたのは落語のことではなく、噺家が乗っている車の違い。

東京の噺家は、だいたいベンツなんやね。ベンツの上品さが、ひとつのステイタスなんやろか。

ある噺家が例外的に、ボルボのリムジンに乗っていて、

「戦車ぐらい頑丈だから、ぶつかって中の人間が死んでも、外は壊れないんや」

それ、意味ないんちゃうか？

一方、大阪は兄弟子の笑福亭仁鶴さんがロールスロイス、月亭可朝さんがジャガーやった。何やら「売れたモン勝ち」ちゅうとこが、東京との違いなんやね。

うちの師匠は、弟子がロールスロイスなのに、オンボロの中古車やった。

「師匠、仁鶴兄さんも中古車ですよ」

「なんや、中古車同士か。変わらへんな」

その後、私は「兄さんの車は八百万円、こっちは五十万円」という言葉を飲み込んでいました。

師匠は、よう言うてた。

「貧乏しとる噺家のほうが味がある」

これは、負け惜しみやない……と思う……。

東京の落語芸術協会に入る

私が東京へ上京した頃は、まだ上方落語と江戸落語の間には隔たりがありました。自分が活躍することで何とかこの壁をぶち抜いてやろうと、東京に単身乗り込んだんですが……。

東京の楽屋には、根多帳というのがある。これに、まず驚きました。大阪の寄席、「角座」は落語が一本か二本、だからまずネタが被ることがない。東京は落語中心やから、これがなかったらもう大変。

大阪の根多帳は、漫才や音楽ショーの人のネタが書いてある。これが東京との違いです。東京では、落語以外はネタのタイトルが書いてない。大阪なら、漫才「あほの日記」、音楽ショー「お笑い忠臣蔵」、コント「国定忠治」……。こんな感じ。

東京の根多帳を見て思ったのは、滑稽話の七十パーセントは上方から江戸に移したもの。『時うどん』が『時そば』、『鴻池《こうのいけ》の犬』が『おおどこの犬』、『高津の富』が『宿屋の富』と数え上げたらきりがありません。

私が落語芸術協会に入れていただいた時、上方落語は二代目桂小南師匠ただ一人でした。

「久しぶりにライバルができたなぁ」

光栄なお言葉です。

『代書屋』『いかけ屋』『ぜんざい公社』……二百くらいネタを持ってらっしゃったそうです。後に、小南師匠の肝いりで『三越名人会』に出させていただきました。

四十歳のとき、東京で月~金の夕方、ニッポン放送の『噂のゴールデンアワー』という番組を担当してましして、レポーターの女性講釈師の真打披露のパーティに顔を出しました。そのときの落語芸術協会の会長が桂米丸師匠で、副会長が春風亭柳昇師匠。挨拶に伺うと柳昇師匠が、

「きみはいくつや」

「はいちょうど四十歳です」

「それならまだ間に合うな。東京にラジオで毎日おるのやったら、東京の寄席で修行してみる気はないか」

私は噺家になって東京の寄席に出るのが夢でしたから、もう二つ返事で、

「よろしくお願いいたします」

三日経ったら、柳昇師匠から電話がありました。来月の「新宿末廣亭」の上席に出てみないかとのお誘い。いきなり檜舞台《ひのきぶたい》。普通、顔付け(番組を組むこと)は三か月前に決まる。それを師匠の力で無理やりはめ込んでくれはった。

初日の楽屋では芸歴二十年の私が、小さくなってました。すると、大看板が次から次へと入ってきます。挨拶すると、

「あんた、松鶴さんの弟子か。大阪では世話になった。終わったら、飯食いに行こうか」

「ありがとうございます」

また、他のベテランは、

「恩返しがやっとできる。稽古つけたろか」

「是非お願いいたします」

十代目桂文治師匠は、

「四十歳なら、これからや。五十歳過ぎて落語に力入れ出す奴もおるけど、それは手遅れ。やるのはいいまや」

そう言ってくださり『女給《じょきゅう》の文《ふみ》』という噺を教えていただきました。

……うれしかったな。師匠が蒔いた種が花を咲かせ、その恩恵を私が受けることに。東

京へ落語家として行った私に与えられたご褒美やな。松鶴師匠には先見の明があった。情けは人のためならず、巡り巡ってわが身のため。ありがたい、ありがたい。わが師の懐の深さ。愛情、思いやりを感じた東京での初高座でした。

いま、こうして東京の寄席でトリまでとらせていただいて頑張ってられるのも、各先輩方のお陰。そして、その裏には大きな笑福亭松鶴師匠のお陰。

師匠、今度は私が東京と大阪の架け橋になりまっせ。草葉の陰で見てとくなはれや。

柳昇師匠には、

「噺家は十日間あるうちに、きょうの客はこのネタやと決めて、成功する確率が七割やなかったらプロとは言えん。パーフェクトも、天狗になる危険性がある。三割しくじる方が将来良い噺家になれる。噺家は高座で上手にしくじるのも必要だよ」

このとき、昔の松鶴師匠とのやりとりの手紙を記念にいただきました。相当年数がたって変色してましたが、そこにはこう書かれていました。

「光鶴（松鶴、枝鶴の前の名前）から柳之助くんへ。お互い青年落語家として頑張りましょう云々」

手紙は色褪せてましたが、二人の情熱は決して色褪せていませんでした。

芸人は行く先々の水に合わねば……

新宿末廣亭で十日間の高座を務めると、千秋楽の日に「来月も出てくれないか」と席亭からの要望。トントン拍子で毎月出られるようになりました。

そのうちに「浅草演芸ホール」、「池袋演芸場」も。

そのときに松鶴師匠の親友の三笑亭夢楽師匠が、

「あんまりトントン拍子に行くと、みなに妬まれるから、出番は前の方に出て、先輩や仲間の代演も嫌がらずにドンドン行くように。大阪の実績はゼロと考えなさい」

さすが師匠の友達。こんなこと、誰が言うてくれますでしょうか。松鶴さまさま。おおきにおおきに。

でも後輩から嫌味を言われたり、上方やと馬鹿にされたり……。そのたびに逆上して落語芸術協会に電話して、

「こんな協会やめたるわい」

なんて怒鳴っていました。

すぐに対処してくれて、私をいじめた連中の先輩がこっぴどく叱りつけてくれたそうで

す。

そのときの六代目松鶴師匠の親友だったある師匠の言葉が、

「この馬鹿、お前は松鶴師匠の弟子をいじめるということは、わしの顔に泥塗るのがわからんのか？」

それからいじめがなくなり、しばらくの間、私のあだ名は〈瞬間湯沸かし器〉に替わりました。


しばらくして、箱根の旅館で行われた落語芸術協会の親睦会に初めて参加しました。最初のうちは普通に和気あいあいと飲食してると、四代目三遊亭小円馬師匠が私の席の隣へ来て、

「おい鶴光、我慢しろよ。この席は噺家の末席や。ここから一歩ずつ上がって行けよ」

何で幹部はこんないい人ばかりやろ。

よし恥かかせたらいかん。私より上座に座っていた後輩の噺家を連れて、箱根の夜に大散財。

「鶴光師匠、御馳走さまでした」

ええ気分やったな。

しばらくしてカードの請求書見て、青ざめたがな。あいつら遠慮もなしに、よう飲み食いしやがったな。

ここで得た教訓——ええ恰好はほどほどに。

小円馬師匠には正月に家に呼んでいただいたり、また奥様の経営なさってるカラオケバーにも連れて行っていただき一緒に唄いました。

師匠の得意な歌は『浪速しぐれ』です。上方落語の爆笑王・初代桂春団治の唄でした。

一年間、ラジオの番組の合間をぬって、浅い出番と代演に明け暮れました。一年目に新宿末廣亭の席亭から、

「そろそろトリをとってみないか」

と打診されました。

このときや、これを待ってたんや。いままでの苦労が報われる。

席亭の条件は、上方落語らしいもの、毎日ネタを変えること。

十日間、「新宿末廣亭」のトリを務めると、次は「池袋演芸場」、「浅草演芸ホール」と、次々と声がかかりました。やはり、「新宿末廣亭」のトリはそれだけ値打ちがあるのやな。

でも、香盤（落語家内部の序列）は二つ目の筆頭。

飲んでる席で後輩に愚痴をこぼしたら、

「でも、師匠は芸協の看板ですから」

と慰めてくれました。

この言葉に、ニコッとほほ笑む浅ましい心の私が存在しました。

そのうちに、東京の弟子の里光が真打に昇進。さすが弟子より下は具合が悪い、と判断したのか、香盤を上げてくれました。

それでも、後輩より下の序列には不満がありましたが、郷に入れば郷にしたがえ。心の中では、

〈あいつら、序列は上かも判らんが、俺は看板だ！〉

と叫ぶ、器の小さい自分がおりました。

弟子を持ってわかる師匠の偉大さ

ある人から言われました。

「噺家は邦楽を身につけないと、一流にはなれないぞ」

何でも人の言葉に感化される私は「よし、まず日本舞踊から習おう」と紹介されて西川流に入門。

「奴さん」「かっぽれ」「深川」と習い、それでは飽き足らず、大日方満劇団や浪花三之介劇団その他。土日に泊りがけで、お芝居と踊りを教えていただきました。

あの方たちはCDを聞いて、自分たちで即興で振り付けをします。芝居のセリフも台本なしの口立稽古《くちだてげいこ》。

赤ちゃんの頃から舞台に立つ、旅から旅への渡り鳥。気がつけば、いつの間にか老いてる、という寂しさもあるが、若いときは札束がガッポガッポ。バブルのときはすごかった。私もおこぼれをずいぶん頂戴いたしました。

一度、座長大会で東十条の劇場で綺麗に化粧してもらって出番を待ってると、同じく大衆演劇の座長が私に、

「失礼ですが、どちらの座長様ですか?」

私、笑いながら、

「鶴光でおま」

その座長、その場でこけてました。

三味線は長唄の先生のところへ行き、両方習いました。落語に『軒付け《のきづ》』というのがありまして、三味線を弾く仕草があります。これをやりたくて、教えを請いに行きました。

その後は篠笛。

これらの習い事は、月謝だけでは済まない。踊りの発表会に長唄の浴衣会、笛のおさらい会。我々は出演すればギャラがもらえるが、反対に出さないかん。不思議な社会です。だから、邦楽は金持ちをたくさん弟子に持つのが繁栄の道。

ここは落語の世界とはまったく違うところ。

長唄の世界では、いわゆる弟子はお客様です。落語の場合は親子関係ですから、弟子からはお金を取らない。飯を食べさして、芸を無料で教えて、名誉は良い弟子を育てたと言われることだけ。

まるで慈善事業やがな。


いま、弟子が東京には七人、大阪に一人。上方落語の真打を三人育て、私も上方真打という落語界ただ一人の称号もいただきました。

上方と江戸の壁を少々ぶち抜いて、風通しもだいぶ良くなりました。

後輩の東京の噺家も協力してくれて、お席亭のご支援もあり、各寄席に上方枠というのができて、上方落語家がドンドン出られるようになりました。

もちろん、東京の噺家も大阪の落語の寄席に出られます。相乗効果、お互いに競争心を持って、落語の発展に微力ながら協力して行きたい。


ここまで来るには、二十年以上かかりました。

思ったほど簡単な道筋ではなかったけど､狭い楽屋の中でヒソヒソと馬鹿話に付き合い、居酒屋で二時間飲み放題で語り合い、同じものを食べて安酒を飲んで、お互いの落語会に出演し、一緒に旅をし、泣いたり笑ったり……。こうして信頼関係を築きあげた結果が、今日につながりました。

これがタレントとして、みなと上辺だけの付き合いをしてたなら、こういう風にはならなかったやろな。

六代目松鶴師匠の壮大な夢を、弟子の私が徐々にコツコツ一歩ずつ積み上げてる真っ最中。どうか応援よろしくお願いいたします。


東京の仲間と、こんなこともありました。

地方公演でお年寄りの前でやったときのこと。

誰も笑わない。何を言ってもシ〜ン。大阪弁がわからないのかな、と自分で納得して関係者の方に、

「一生懸命やったんですが、力不足ですんまへんでした」

と頭を下げると、

「いやぁ、半分は高齢者で笑う元気がないんですよ」

「じゃあ、後の半分は」

「耳が遠いんですよ」


これも、ある村での落語会――。

私がしゃべっていると、前で前座が不安そうな顔でこちらをチラチラ。あまり気になるので高座から、

「どうかしたの、と聞くと」

「マイクの電池が切れてます」

私が行くので失敗したらいかんと思ったんでしょうな。早くから何辺もマイクテストをやり過ぎたそうです。

地方の人は親切、でも今回は仇《あだ》となりました。

なるほど、芸人に下手も上手もなかりけり、行く先々の水に合わねばでんな。

第三章
芸人は売れてなんぼ

師匠より売れてはいけない

噺家になったら、一度は売れたい。誰もが、そう思っています。

それにはチャンスが来たときのために、引き出しをいっぱい持ってなければいけない。能、狂言、歌舞伎、各演劇の鑑賞、古今東西の本（洋書も含む）を熟読。三味線、笛、日本舞踊などの習得。いま起きてるニュースもチェック。そしてもちろん、噺がうまい、面白い、センスが良い……もろもろ。そこに若干の運も加わるかも。ただ、「引き出しの開け方がわからない」と言っていた芸人さんもいると聞いたことがありますが……。

なかにはマスコミの道から帰れずに、もがく人も。それすらも気がつかない芸人が多数存在します。米朝師匠は四十歳で、マスコミはやめて落語道に邁進《まいしん》。そして文化勲章まで受賞しました。自分自身どこで気がつくかが分かれ道。

ところが、うちの師匠は弟子が売れるのが気に食わん。

入門して四年経った昭和四十六（一九七一）年四月、私は関西の人気深夜番組『ＭＢＳヤングタウン』のパーソナリティに抜擢されました。週刊誌の取材で記者が来て、

「鶴光は上方落語の星になる。ヤングタウンで売れてておもしろい」

と言ってくれたのに、師匠が一言。

「あれ、あほだす」

そのまま週刊誌に大きな見出しで「鶴光はあほだす」って。もうちょっとなんか、ええこと言うてくれよと思いました。

上方落語が下火の頃、かろうじて売れてたのは米朝・松之助・福郎、この三人。落語ファンは六代目のことは知ってましたが、世間では無名。

その松鶴師匠が日の目を見る日がついに来ました。ドラマへの抜擢。昭和四十八(一九七三)年のことです。

前にも触れましたが、関西テレビが『どてらい男《やつ》』という根性物を撮ることになった。脚本は超売れっ子作家・花登筐。主演が西郷輝彦。西郷さんは歌手としての地位も落ち着いて、そろそろ役者の道へ転向しようという時期。

師匠の役は、主役を支える経営のカリスマ、ニックネームが将軍さん。午後八時放映。視聴率が三十パーセント。輝彦さん、役者としてのスターの道をド〜ンと駆け上った。

それにつられて、六代目もド〜ン。

芸人は長いことやってると、売れることもある。昔からよう言いますな、電気の球でも切れる前は一瞬明るくなるの例え。

このテレビ出演が決まったときのことは、よく覚えてます。

場所は神戸の松竹座。今の喜楽館の近く。師匠、退屈やから楽屋でテレビを見てはった。

そのとき、画面に現れたのが一番弟子の仁鶴兄さん。ＮＨＫのドラマで、タイトルは『けったいな人々』。我が師は、弟子がテレビに出演すると、やきもちを焼くんですな。

「この仁鶴の餓鬼ゃぁ、ドラマに出てくさる。せやさかい、落語がちょっとも上手くならんのじゃ。おい鶴光、お前は絶対ドラマなんか出るなよ」

「わかりました」

言うてるところへ、関西テレビのプロデューサーが挨拶に来やはりまして、

「師匠、関西テレビの方がお見えですが」

「何でしょうか」

「松鶴師匠、来年から『どてらい男』というドラマにレギュラーでお願いしたいんですが」

師匠、怒るかと思いきや、

「はい、承知しました」と二つ返事で、ニコッ！

「破門じゃ！」

私が破門になったのは、ラジオの『オールナイトニッポン』で人気が出たからとしか思えないところがあります。

「破門」を辞書で調べてみると、武道の世界では門弟が流派から追放されることをいうと記されております、

我々噺家の世界では、師匠の意に沿わないことをすれば即、破門。

落語家としては続けることができるのですが、師匠の息のかかった所では仕事ができません。実質、他のジャンルに仕事を求めることになります。

私が最初に破門になったのは『うぐいす谷ミュージックホール』という歌が大ヒットしたとき。昭和五十（一九七五）年のこと。

落語家がタレント化するのを何よりも嫌った師匠、そんな傾向のある弟子には稽古もつけませんでした。

そんな師匠ですから、歌手なんてとんでもない。おまけにストリップの歌まで唄ったことが逆鱗《げきりん》に触れた。

「己は噺家の身でありながら、ストリップの歌を唄いやがって、笑福亭の名前を汚した。破門じゃ！　わしの作ってやった黒紋付返しに来い」

と電話で激怒。あわてて黒紋付を風呂敷に包んで持って行くと、

「ちょっと売れたと思うたら、どたま（頭）のてっぺんに米の飯あげやがって、破門じゃ」

このときは平謝りして、何とか破門は赦《ゆる》してもらいました。

でも、怒られてる気がしない。

「どたまのてっぺんに米の飯あげる」て何のこっちゃ。

日本語かいな、と先輩に聞くと、増長してるという意味だと聞かされて、そういうことだったのかと納得いたしました、

二回目の破門は、師匠と神戸元町の「恋雅亭《れんがてい》」に出演したときのこと。

師匠は終わった後、私と飲めるのを楽しみにしてた。

ところが、急に別な仕事が事務所から入り断り切れずに、神戸の寄席をドタキャンしてしもうた。

その夜、逆上した師匠からの電話、

「己は人をこけにしやがって、指落とすだけではすまんぞ！　明日、紋付返しに来い」

明くる日、早い時間に駆けつけると、

「何してけつかんねん、このあんけらそ！　破門じゃ！」

また平謝りして許してもらいましたが、恐怖心を感じない。

「あんけらそ？」て、どこの言葉や？

物知りの人に聞くと、「アホ」とか「ボケ」という意味の悪口だという。「あんけ」とは、ぽかんと口を開けている様だそうです。


それから何回かしくじり、そのたびに「紋付返しに来い」。これが七回くらい続いたころ、電話で呼び出され駆けつけると、今度はものすごく丁寧な声で、

「もう、あんたの顔は見たいことおまへんさかい、どうぞ頼むさかい、私の前から消えてください」

この丁寧な小言には参りました。思わず「私が悪うございました」。

それからしくじりは二度としないようになりました。怒鳴るより優しく説得する方が効果がある――これは私も弟子に実行しています。


ある噺家は全国の噺家に「私の弟子の○○は破門いたしました」と破門状を回した。も

うこうなったら反社会勢力と変わらん。理由は、弟子が師匠の奥さんを酔った勢いで洒落でくどいたのが原因。

いま、その師匠も弟子もあの世ですが、まだもめてるのやろか。会社なら解雇、退社。学校では退学。どれも、破門と同じようなもの。

ある噺家が事務所を退社した途端に、各事務所に廻状《かいじょう》が回りました。

「このたび、当所属芸人の○○が円満退社をいたしました。今後、当事務所とはいっさい関係がございませんので、よろしくお願いいたします」

という書状。

後日、その事務所のマネージャーに、

「あの噺家、円満退社だそうですね」

マネージャー、不気味な笑みを浮かべながら、

「師匠、退社に円満はありませんから」

わだかまりは残りましたが、妙に納得した自分がおりました。

師匠のあの「破門じゃあ」という声、もう一度聞きたいなあ。

負けず嫌いの言い訳

師匠のドラマの出演が決まったときのこと。師匠が私に言い訳がましく、

「ドラマはお芝居、落語もひとり芝居。両方とも共通点がある。その点、仁鶴は『仁鶴隆子の夫婦往来』というテレビ番組を嫁はんとやっとる。噺家は一人で仕事するもんや」

そういう松鶴師匠も晩年、ＡＢＣテレビで『松鶴あ〜ちゃんの思いでバンザイ』という番組を夫婦でやってました。

その頃、すでに仁鶴兄さんの売れ方はすごかった。師匠とタクシーに乗ってると、ドライバーの方が聞きました。

「松鶴師匠ですか？」

「あ〜、そうですが」

「いやぁ、こんな有名な方をお乗せして光栄です。そらそうと、そこそこのお年みたいですが、仁鶴さんの何番目のお弟子さんですか？」

「わたい、そんなえらい人、知りまへん」

地方へ行ったときも、こんなことがありました。看板に「笑福亭松鶴出演」と書かれた上に、倍ぐらいの大きな字で「仁鶴の師匠」と書いてある。五階の会場へ向かうのに、一緒にエレベーターに乗ったら、お客さんが二人乗り込んで来まして、

「おい！　ほんまにこんな田舎に、仁鶴が来るのんか？」

「もういっぺん、チラシ見てみい」

「あ〜、やっぱりだまされた。仁鶴やない松に鶴、偽者や。もう帰ろ帰ろ」

二人が降りたあと、師匠の方を見るとはなしに見ると、目に憎悪を浮かべて、手を震わせながら、

「なぁ、知らん人もいてはんね」


地方でテレビのイベントに出たときのこと。舞台が終わり旅館に行くと、大接待の用意がされていた。テーブルには、鯛の刺身とエビフライがドーン。

するると、師匠はとんでもないことをのたもうた。

「これ、全部片付けてください。ごはんと地元の漬物だけ持ってきて」

師匠は「これが粋だ」と思っているのです。私の目の前から、あっという間にごちそうが消えていく。その晩、お腹がすいていたのに、ごちそうを食べられなかった私は、夢の

中で金縛りにあいました。


その後、師匠はこんなことを言い出したことがあります。

「七代目松鶴は仁鶴に譲って、わしは松緑という名前に変えようと思う」

「私はどうなります？」

「お前は松竹《しょちく》を継げ」

丁寧にお断りをすると、

「私は八代目でもいいので、松鶴を継承したい」

「お前の気持ちもわかる。でも、この松竹は大きな看板の名前やから、いちおう保留ということにしておこう」

三か月後、新弟子が入ってくると、すぐに『松竹』と芸名をつけた。

さすがに私もちょっと憤慨《ふんがい》しまして、

「師匠、私が断ったからと言うて、まだ入門したての子に、そんな大きな名前つけんでもよろしいがな」

と軽くクレームをつけると、笑いながらこうおっしゃいました。

「あれは『しょちく』やなしに『まつたけ』と読む」

親子で家出?

師匠の息子（元噺家で今は廃業）とあ～ちゃんは義理の仲。一緒に暮らしてても、お互いに遠慮があるようです。

一度だけ大喧嘩をしたことがあります。息子が酔った勢いで、

「あんた、誰のおかげで生活できてると思うてんね」

と啖呵《たんか》を切った。そのときの松鶴夫人の返した言葉、

「確かに、わてはあんたのお父さんに食べさせてもろうてます。その代わり、わては体を提供してます」

そう言われた息子、

「こんな家、出て行ってやる」

と捨て台詞を残して家出。

私は当然、後を追いかけたんですが、見つかりませんでした。

その後、師匠が帰って来て、これも酔っぱらってまして、

「あれ、せがれは?」

と私に聞くと、あ〜ちゃんが、

「わてと喧嘩して、出て行ったわ」

それを聞いた師匠が私に向かって、

「お前がついてて、何で出て行かせたんや」

私の頭をポカリ。すると、あ〜ちゃんが、

「この子殴るのやったら、あんたも夜遊びばっかりしてんと、息子の面倒くらい見たらどないや」

言われた師匠、再び私を睨《にら》みつけて、

「おのれのせいで、あ〜ちゃんにまで馬鹿にされたやないか」

また、頭をポカリ。

「こんな家出て行ったる」

息子と同じ捨て台詞残して、師匠は家を出て行きました。

息子は三日間帰って来ませんでした。父親は五分で帰宅すると、罰悪そうな顔でわが女房に、

「やっぱり、家が一番や」

私だけ殴られ損。弟子はいつも割に合わん。

師匠の教え

ドラマの仕事が決まった途端、師匠はものすごく上機嫌。

「おい、小腹が空いたな、何ぞ食べようか。きょうは無礼講。何でも好きなもの注文せえ！わし、きつねうどん……」

師匠にきつねうどんから入られると、弟子は辛いですな。

その店は二十円プラスすると、生卵を入れることができた。風邪気味やったので、ちょっと精つけようと思うて、私はきつねうどんの生卵入り。松鶴師匠は普通のきつねうどん。

出前が楽屋に運ばれて来て、

「さぁ食べようか」

と、同時に蓋取った途端に、師匠の顔色が変わる。

「何でお前だけ生卵が入っとるねん」

それからコンコンと説教を食らいました。師匠いわく。

他人に物を奢ってもらうときは、いくら無礼講と言われても、その人よりワンランク下のものを注文するのが礼儀なんだそうです。

私の場合は、素うどんを注文すべきやった。

怒られてしょんぼりしてたら、先輩が慰めてくれました。

「やっぱり、私が間違ってましたかな?」

先輩、神妙な顔で、

「生卵だけに、キミが悪い」


「嘘はつくな」

これもよく言われました。

松鶴の趣味は食道楽。あちらこちらの飲食店を食べ歩いて、美味しいものを楽屋で仲間に教えるのが楽しみの一つ。

楽屋で用事をしてると、師匠が外から戻ってきて、

「お〜、ええとこにおった、美味い豚汁の店見つけてきた」

自分で書いた地図と百五十円くれました。

その店を探したんですが、なかなか見つからない。仕方がないので、大衆食堂で玉子丼食べて帰ってくると、師匠が待ってまして、

「どうやった?」

「美味しかったですわ、あんなに旨い豚汁、初めて食べました」

「そうか、良かった。また、ええとこ見つけたら教えたるわ」

「ありがとうございます、ご馳走様でした」

楽屋を去ろうとすると、上方柳次・柳太という漫才の方が入ってきて、

「師匠、師匠に教えてもらった豚汁屋、きょう休みでしたよ」

「待てぇ、この腐れ弟子、おのれ何処へ行ってきやがったんや」

絶対に嘘はつくな。

芸人という者は、世間から極道者の代表みたいに思われてる。まだその上に嘘までついたら、もうそいつは人間失格や。

そんな師匠が嘘をつくようになりました。

それは晩年にできたガールフレンドのために。

老いらくの恋

「私ただいま、恋をいたしております」

松鶴が落語のマクラ部分でこう言うた途端に、楽屋は大爆笑。六十歳過ぎて二十代のガールフレンドができると、幼稚園の子どもと一緒やね。とりあえず一緒にいたい。色恋は関係ない。本人はプラトニックラブや言うてましたが……。

師匠と彼女の出会いについては、諸説あるようですが、彼女が喫茶店に勤めていたことだけは確か。毎日、彼女のシフトが変わるので、その時間に合わせて、寄席の自分の出番を勝手に変えて、高座に上がるからです。

ある落語会、師匠がトリで、私がその前。そのときも、女の子の出勤時間に合わせたいらしく、なんと私の所へ上がると言う。

逆らえませんので了承すると、高座に上がるなり、

「実は私がトリやったんですが、弟子の鶴光が仕事で遅れておりまして、真に申し訳ございません」

そんなアホな。私、二時間前から来てましたんやで。えらい悪者扱い。

その女性と三人で神戸の中華街に行ったときのこと。

彼女がタバコを出したんですな。そうすると、師匠がテーブルの下からライターを手に握らそうとして、間違えて私の手に握らせた。

〈違います〉という意味で、ぐっと手を握ると、師匠が倍の力で握り返してくる。困ったがな。わざとライターを落として、その場をごまかしました。

このころから、嘘の嫌いな松鶴師匠が嘘をつくようになりました。


私と飲んでると、あ〜ちゃんに電話しては、ガールフレンドと会う。そのうち、あ〜ちゃんも薄々勘づいてきます。

その彼女のおばさんが下町でスナックをやってまして、彼女が何日か手伝いに行く。そこへ松鶴も芸人連れて飲みに行く。

スナックのお客さんは大喜び。有名人が間近で見られ、会話もできる。運が良ければサインももらえる、写真も一緒に撮れる、というので店は大繁盛。

私もお供で付いて行ったら、どこで調べたのか、あ〜ちゃんから電話がかかって来ました。嫉妬してたんでっしゃろな。

私が代わりに受話器を取ると、

「鶴光か？　お父さんに聞いてんか。いまな、鳥の唐揚げ、揚げてるさかい、帰ったら食べるか聞いて」

「師匠、あ〜ちゃんが唐揚げ食べるか、と聞いてはりますが」

「あ〜、帰ったら食べる言うといて」

しばくしたら、また電話。

「何個食べるか聞いて」

「何個お食べになりますか」

「三個や」

その後、また電話。私、思わず師匠をかばおうとして、

「すんまへん。いま、別の店に替わったとこでんね」

すると、あ〜ちゃんが涙声で、

「わて、何処へかけてると思うてるね。あんたまで、わてを馬鹿にして」

電話口で延々と泣かれました。

その間、松鶴は女の子と肩組んで、カラオケで『浪花恋しぐれ』を熱唱してました。

♪芸のためなら女房も泣かす〜♪

師匠の言い分

上方落語協会主催で、通天閣の下で盆踊り大会が行われることになりました。

会長の松鶴師匠が事務所で打ち合わせをしてると、新聞社の記者が師匠の古い写真を持って入って来ました。キョロキョロと、あたりを見回しながら、

「すいません、松鶴さんという方はいらっしゃいますか？」

本人に聞いたんですな。そこで師匠が、

「さぁ、知りまへんな、そんな人」

「あ～そうですか。それでしたら、仁鶴先生は何時にお見えになりますか？」

見る見るうちに、師匠の顔の色が変わった。

「俺がさんで、仁鶴が先生か？　帰れ、このどあほ」


ふるさとの唄祭りという番組で四国に行ったときのこと。

会館の一番立派な控室で休んでますと、関係者の人が来て、

「すいません、控室代わっていただきたいんですが」

「ほ〜、どういうわけで」

「ここは司会者の宮田輝先生がお入りになりますので」

「あの人、アナウンサーでっしゃろ。わたいはゲストだす」

「いくらゲストでも困るんです。代わっていただけませんか?」

「そんな扱い受けるんやったら、私帰らせえてもらいます」

「もう最終の船が出ましたが」

「泳いででも帰ります。鶴光、帰るで」

私、瀬戸内海を泳がされるかとビビりました。

まぁ結局、向こうが折れてくれましたが……。


ところが、『どてらい男』のヒットのおかげで、マスコミの扱い方が一変しました。

やっぱり、芸人は売れなあきまへんな。

テレビ初のレギュラーが決まりました。

お昼の番組で悩みの相談室。回答者がミヤコ蝶々、京唄子と濃いメンバー。その日のテーマは、解答が永遠に出ない嫁姑問題です。

まず蝶々さんが、

「お母さん、あんたが年上やから、五十歩だけ譲って、お嫁さんの意見も聞いてあげなはれ」

と、お嫁さんを擁護《ようご》する。

唄子さんは、

「そら、お嫁さんのほうが間違うてる。ほんまのお母ぁさんやと思うて、もっと親孝行しなはれ」

と、姑の肩を持つごく当たり前の普通の意見。

ところが、松鶴は違いまっせ。

スパッと答えました。

「そのおばんに死んでもろうたらよろしいね」

次の週から、レギュラーが松之助師匠に代わってました。

女の弟子、どこいった？

大阪のお祭りといえば、やはり「えべっさん」。東京の「酉の市」みたいなものです。上方は商人の街ですから、

〈商売繁盛で笹持って来い！〉

の掛け声が浪花の夜にはよく似合う。兵庫県の西宮、大阪の今宮と堀川が有名。

芸人は、堀川戎《えびす》神社で福娘と一緒に笹に飾り付けをする。これを仕切るのが関西演芸協会。松鶴師匠は幹部ですから、率先して参加します。まぁボランティアですからノーギャラ。その代わり豪華な飾り付きの笹の枝をお土産にくれるんですな。

それを毎年、我が家に持って帰り、神棚に飾る。ところが、松鶴師匠はあるとき、その笹をガールフレンドにあげてしまった。しかたなく、あ〜ちゃんには、

「弟子にやった」

と、とっさの言い訳。

ところが、その晩、ガールフレンドからあ〜ちゃんにお礼の電話がかかる。

「豪華な飾りの笹を師匠からいただきました。有難うございました」

あ～ちゃん、受話器を置くなり、亭主に向かって問いただす。

「あんた、いつから女の弟子取ったの？」

そこで松鶴がまた、苦しい言い訳。

「今日来たけど、断った」


噂話で、松鶴師匠には一方的に好意を持ってた女性漫才師がいたらしい。

何でわかったかというと、ある日、松鶴邸に一本の電話がかかってきました。それは訃報で、噂の女性漫才師が急死したという。

電話を取った松鶴師匠が、その場で普段見せたことのない号泣。それをそばで見ていたあ～ちゃんが後日、そのときの様子を私に語ってくれました。

「鶴光、うちのお父さん、変わってるな。自分の親が死んだときは涙を見せなかったのに、漫才師が死んだら大泣きしてた。おもしろいお父さん。ハハハハ」

あ～ちゃん、あんた、ほんまにええ人でんなぁ。

裏工作した天罰か⁉

『オールスター家族対抗歌合戦』というバラエティー番組のゲストの仕事が、松鶴師匠に来ました。普段のゲストは家族なんですが、特別企画で落語家子弟大会。

優勝が全員ハワイ旅行御招待です。これは絶対無理。松鶴師匠は、人間の外さない音を外す。だから、ハワイ旅行はあり得ない。

でも、そのときの準優勝の景品が折りたたみ式の自転車だったんです。これが欲しい、と言い出した。

プロデューサーに泣きついたのか？　スポンサーに無理言うたのか？　とうとうその商品を手に入れました。本番前にでっせ。いまなら絶対不可能やが、特別にということやったんやろな。収録が終わるなり、すぐに電話を入れまして、

「あ～ちゃん、わしやわしや。賞品でな、折り畳み式の自転車もろうたで」

「良かったな、いま、あんたの車盗まれた」

裏工作はするもんやない。天につばはけば、自分にかかる。すごく後悔してました。それにしても、裏工作とはええ時代だったということですかな。

初舞台で大騒ぎ

松鶴師匠が花登筐先生にはまって、今度は舞台の仕事。志垣太郎さん主演の根性ドラマ『あかんたれ』。師匠は、主役を支える船場の大旦那の役です。

一部の最後に出て来て、

「秀太郎、明日からお前が主人になって頑張れ」

「おじさん、わてがこの店の主人にでっか？」

「そうや、心配せんでもええ。わしが後ろにドンと控えておる。大船に乗ったつもりで、しっかりやれ」

「おじさん」

「秀太郎」

二人が手を取り合う。拍子木がチョンチョンチョン、緞帳が徐々に降りてくる。万雷の拍手。

ええシーンや。場所が名古屋の御園座。正月公演で二日が初日。

喜んだ松鶴師匠、元旦に弟子を全員集めて、どんちゃん騒ぎ。

明くる日は当然、えらい二日酔い。

新幹線のグリーン車で、ウエッ、ウエッとあげるわ、ステテコの上下の格好で、トイレに行ったり来たりとウロウロするわ。

お客さんに言われたのか、見るに見かねたのか、車掌さんがやってきて、

「すいません、そんな恰好でウロウロされたら困るんですが」

「わたいは六代目松鶴だす」

意味不明なことを言うてました。


劇場に着いて化粧している間も、ウエッ、ウエッの連続。

で、落ち着く暇もなく、いざ本番。

一部のラストは、師匠の決め台詞。

「明日からお前が店主になれ。わしがついてる」

「おじさん！」

一番の見せどころです。

ところが、二日酔いのせいで、師匠、セリフが出てこない。

志垣太郎さんがアドリブで、なんとか間をつなぐ。

たまりかねた黒子のプロンプターの人が、ボソボソとセリフの手助けをした。その瞬間、師匠が大きな声で叫んだ。

「じゃかましわい！　いま、間をとってるんじゃ。このボケ！　志垣もしゃべりすぎや。このドアホめが」

お客さんはドカンと大爆笑。客席はざわついたまま、幕が降りました。


翌日、師匠が家で座っている。

「舞台はどないしたんですか？」

「終演後　花登筺が〝帰れ！〟言いよった。あいつとは合わん」

初日で降板と相なりました。拍子木の音ではなく、首がチョン。

地方公演あれこれ

関西は、漫才や音楽ショーがトリを取ります。ところが、うちの師匠の知名度が上がったおかげで、松鶴一座で九州に公演の仕事が決まりました。もちろん、六代目松鶴がトリ。こんなことは、いままで考えらえなかった。

その昔、地方のデパートの屋上での落語会では、横に設置されたテントの控室で師匠が待ってますと、司会者が、

「さぁ、みなさん、ドンドンお集まりください。きょうを逃すと、もう見る機会はありませんよ」

「ほな、何かい、わしがきょうで死ぬちゅうんかい」

自分自身に突っ込みを入れてました。

こんなこともあります。三波伸介さんと十日間、中国地方を回ったときのこと。毎日、伸介さんの楽屋へ行って笑わせてました。

三波さん、それを毎日楽しみにしてまして、ところが十日目に姿を見せないので付き人

が呼びに来ると、松鶴師匠が、

「三波さんによろしゅう言うといて、もうネタがきれました」

地方の旅館に泊まったとき、酔って帰ってきて部屋を間違えて入っていったら、カップルがなさってる真っ最中。

「他人の部屋で、何さらしてけつかんね」

大暴れして、おまけに有名な画家の書いた掛け軸を破って、ものすごいお金を請求されたそうです。


そして、いよいよ松鶴一座初日――。

もう超満員、館長も大喜び。

「さすが天下の六代目笑福亭松鶴師匠。きょうは高座、楽しみにしております」

師匠も大入り袋もらって上機嫌。もう前の漫才から奇術、曲芸、音楽ショー、客席が波打つほどの大爆笑です。

ところが、どういうわけか、師匠の落語が受けない。笑わない。

あの怖い顔を見て、お客様は恐怖心を抱いたんですかな。高座が終わって下りてくるときの苦虫を噛み潰したような顔。

受けたときとすべったときの態度が、天と地ほど違います。

上手いこといったときは、

「お疲れさまでした」

「おい！ コーヒー飲みに行こうか？ 美味しいケーキ食べさす店があるね、行こ行こ」

あまり笑いをとれなかった場合は、

「お疲れさまでした」

「疲れてへんわい。おのれ、日ごろから疲れるような仕事してるのんか、このボケ」

えらい違いやがな。

〈こら、またどなられるな〉

戦々恐々と待ち構えてますと、関係者の人がす～っと近づいていって、

「師匠、高いギャラ払ってますのや。噂ほどやおまへんな」

まぁ、半分は洒落まじりで言うたと思いますが……。

松鶴師匠、表情ひとつ変えずに、

「名物に上手いものなし」

「師匠、今日の三十石、滑ってましたな」

松鶴一門会で、師匠が十八番の『三十石《さんじっこく》』をやりました。ところが、その日はあまり良い出来ではなかった。

楽屋で師匠が落ち込んでると、弟子の一人が口火を切る。

「師匠、今日の三十石、滑ってましたな」

他の弟子も口をそろえて、

「いつもと比べると、悪い出来でしたな」

しばらく考え込んでた六代目、ふと顔を上げると、

「今から家で打ち上げやろう」

弟子を連れて自宅へ。

缶ビールで乾杯した後、自分の『三十石夢の通い路』のテープを持って来て聞き出すと、

「わいも……昔は、こんなにうまくしゃべれたんや……」

目からポロポロ涙をこぼして、そのテープに合わせて口ずさんでました。弟子ももらい泣き。

と、そのとき、未成年の弟子が、

「いやぁ、昔はこんなにすごかったんですか」

だまってぇ、このアホ！


この未成年者、もう一つしくじりました。

師匠が膵臓の病気で黄疸が出たとき、弟子一人一人に聞きました。

「どうや、わしの顔、黄色いか」

だれが、ほんまのこと言えまっか⁉

「いいえ、何ともありません」

そこへ、十七歳の弟子が登場。

「おい、わしの顔、黄色いか」

「師匠、まっ黄色！　目まで信号機みたいにまっ黄色」

そのとき、松鶴は妙に納得して、

「やっぱり、子供は正直や」


この弟子には、もう一つネタがあります。

なんでも、彼は水死体に出くわしたことがあるらしい。現場で見てると、横の人が聞いてきました。

「あれはどざえもんですか?」

弟子はすかさず、

「さぁ、名前まではわかりまへん」

昭和54(1979)年6月　三十石船での船下り　撮影:後藤清

芸人と映画スター

松鶴師匠のところへ、一本の電話がかかりました。なんと、映画監督の山田洋次さんから。『男はつらいよ』への出演依頼だそうで。

電話を切った後、満面の笑顔を浮かべて弟子に、

「いま、有名な山田さんから電話があった」

「師匠、山田たかおさんですか」

「ドアホ、何でわしが座布団運びから、電話もらうね。山田洋次監督から、映画の出演依頼や」

これが『男はつらいよ　浪花の恋の寅次郎』。昭和五十六（一九八一）年のこと。

控室は道頓堀の「角座」です。ヒロインの松坂慶子さんを一目見ようと、楽屋は芸人がいっぱい。あの俳優を見る憧れの表情。

その頃はまだ、お笑い系の芸人と銀幕のスターの間には、あきらかに壁がありました。いまやベルリンの壁と同様、崩壊し、斜陽産業となった映画界からテレビへ。そこで芸人と知り合い、交際に発展する。世の中変わりましたな。

確かに昔の映画俳優さんの何人かと仕事をしましたが、世の中の情勢に疎《うと》い人が多かった。単なる役を演じてるにすぎない。

でもそれだからこそ、無心でいろいろな役をこなせたのかも。

私はかつて『モーニングジャンボ』というテレビ番組で、長谷川一夫さんにお会いしたことがあります。

真っ白なスーツにピンクのネクタイ。これぞ銀幕の大スター。そのときのアシスタントが長谷川先生に、

「母が大ファンで」

と言うと、大スターニコリと笑って、

「じゃぁ、あなたはファンじゃないのね」

切り返しが上手いなぁ。

こんなこともありました。

小さん師匠が楽屋で出番の支度してると、突然前触れもなく、長谷川一夫さんが入って

来て、

「師匠、きょうはよろしくお願いします」

小さん師匠、

「うん……」

とうなずいただけ。部屋を出ると、大スターはお弟子さんに、

「師匠は機嫌が悪いのかな」

とこぼし、少したじろいだ様子。そこで弟子が、

「師匠、長谷川先生が師匠の機嫌を損《そこ》ねたと気にしてましたよ」

小さん師匠、弟子に向かって、

「固まってしもうたんや」

スターの威厳はすごい。


芸人が映画に使ってもらえるのは、ネームバリューがあり、レギュラーもたくさん持ってれば宣伝効果になるという、関係者の下心があるのかもしれん。

いくら頑張っても、一部の人は別として、本職の役者に勝てるわけがない。

当然、この逆もありうる。俳優が落語の名人になるのは不可能。やはり、餅は餅屋でんな。

映画も、時代とともに変わってきました。その昔は無声映画で、弁士が大活躍。そこから芸人になった方もいらっしゃる。

「あ〜、やんなっちゃった」で一世を風靡《ふうび》した牧伸二さん。この方の師匠の牧野周一さんも人気弁士。いわゆる活弁士でした。

『モロッコ』というトーキーの映画が日本で公開されたとき、弁士さんはみな思ったそうです。

「もうこれで、俺たちの時代は終わった」

ある者は芸人になり、また他の人は紙芝居屋に転職したそうです。そういうたら、ある漫才師の人がテレビのことを「電気紙芝居」と呼んでました。うまい！

モノクロからカラーに。大映ビスタビジョン『赤胴鈴之助』、東映スコープ第一作目『鳳城の花嫁』。

七十ミリ映画（普通の映画の倍の幅のフイルムを使った映画）の日本最初の作品は『釈迦』。

おかげさんで、これらの作品は全部見ることができました。

映画「男はつらいよ」に出演

映画『男はつらいよ　浪花の恋の寅次郎』（一九八一年）に、師匠が安宿のオヤジ役で出演。冒頭のシ～ンで、

「寅さんみたいなおもろい男、わい、いままで見たことないわ」

このセリフの後、テーマ曲が鳴って、有名な江戸川のシーンが流れる。

ところが、師匠は「寅さん」という言葉が、どうしても大阪弁になってしまう。つまり、標準語は「とら」の「ら」の字の語尾が下がるが、関西弁は「ら」が上がる。リハーサルで、何べんも関西弁になる。たまりかねたのか助監督が、

「師匠、寅さんは全国的に標準語で統一されてますので、それでお願いします」

松鶴師匠はむくれて、

「わいは大阪の人間や。標準語しゃべるのは、不自然と違うか。監督に聞いてこい」

言うことを聞かないので、監督にお伺いをたてにいくと、監督いわく、

「そんなことはどうでもええ、大阪弁でいこ、大阪弁で。よーい、スタート」

そこで松鶴師匠は、

「やっぱりとらさんはええ男やな」

標準語でしゃべった。山田洋次さん、椅子から転げ落ちそうになって、

「もう松鶴の映画は、二度とトラさん（撮らさん）」

昭和55(1980)年8月　「新花月」楽屋にて　撮影:後藤清

良き指導者に出会えるかどうか

五社英雄監督の映画『十手舞』という作品に、私が岡っ引きの役で出させてもらったときのこと。

「君の師匠にも僕の作品に出てもらったけど、上手かったたな、貧しい、麻雀好きの酒飲みの労働者の役」

落語家やなかったら、そのままやがな。監督、よくぞ見抜いてくださった。

五社監督には、

「他人を脅すときは、相手の目を見るより、おでこをにらんだ方がすごみが出る」

とご教授いただきました。やはり、一流になるには、指導力も必要。

三代目桂春団治師匠には、こう指導していただきました。

怪談噺『皿屋敷』では、お菊の幽霊が最初に出るときは手を重ねる。つまり、これは恨みがあるとき、こう演じる方がお客様が怖がる。

次に出て来るときは、もう仲良くなってるので遺恨がなく、手をそのまま前に出す。不動坊の幽霊の真似も、相手に恨みはないから手を前に出す。

ただ、これをわかってる噺家が何人おるか？


米朝師匠がある噺家に尋ねました。

「きみは噺家になって何年になる」

「はい、三十五年です」

「う〜ん、その割には下手やな。○○という噺家は下手やけど、あの味はわしには出せん。きみはその味もない」

ボロボロに言われて帰ろうとすると、後ろから追い打ちをかけるように、

「ついでに華もないいな」

でもここまで言うには〈頑張って上手くなれよ〉という愛情が含まれてることを察しないと、単なる恨むだけのこととなる。

伝わっていればよいのですが……。

なかには、人間国宝の教えを無視する若手のアホもいる。米朝師匠が、

「君、あそこはこういう具合にやる方がええで」

と言うのをさえぎって、師匠にこう口答え。

「言われんでも、わかってまんねん」

普通は「ありがとうございます」やろ。

人間国宝、コントみたいなこけ方してました。


私も注意を何回か受けました。

島之内寄席で『代書屋』（米朝師匠の師匠、桂米団治作）の一部分で、

「風呂屋の向かいをマクドナルドの隣」

と変えたら、えらい怒られました。

「君な、これはいつの時代の噺や。その時代にマクドナルドがあったか？　それでも受ければいいよ。お客様誰も笑ってない。意味のないことはするな」と。

猛反省です。

良き指導者に出会えるかどうか、それは己の性根の中にある。


松鶴師匠はいつも自分の出演したドラマを見るたびに、

「あかん。口調が噺家になってる。これでは、ええ役者になれん」

芸に関しては厳しい人やった。

先代の六代目笑福亭松喬の『らくだ』を聞いて、

「お前のは本物の酔っぱらいやな」

「師匠、ありがとうございます」

「阿呆！　落語の酔っぱらいをやらんかい。これではセリフが聞こえんやないか」

やはり、ただ者ではなかった。


松鶴師匠は自著『極めつけおもしろ人生』の中で、こう語っています。

『私が十八番にしている噺ですので、ご存知の方も多いことと思いますが、「らくだ」という落語がありますな。うちのおやっさんもこの噺が好きで、よく高座にかけていたネタです。紙幅の関係で筋は割愛させていただきますが、このなかに熊五郎と紙屑屋の男とで酒を飲む場面が出てくるわけです。熊五郎が紙屑屋に無理に酒をすすめるわけですが、そのうち紙屑屋の方が酔うてきてムチャクチャを始めるというくだりですな。

この時、初めはしらふで熊五郎に脅されながらオズオズ飲んでいた紙屑屋が、徐々に酔ってくるというその紙屑屋の描写にしても、真剣に考えればなかなか難しいもんです。私の場合は、一杯目はグッとひと息で飲み、二杯目は熊五郎に脅されながら恐る恐る飲む。三杯目から徐々に酔うてきて、初めて酒を味おうて飲むようになる、というようにやっているんですが、ここを無神経にやってしまっては、この噺のおもしろさが出ないのです。ほとんどの噺家は一杯目からすぐに酔うてしまうわけだ。本当は徐々に酔いが回り、酔いが回るにつれて変化していく紙屑屋の態度がおもしろいところですから、それでは噺に味がでない。

いつもこのネタをやる時は、そんなことに神経を使うているわけですが、やはりこちらも人間ですから、体の好不調によって、微妙に左右されるわけです。体調が悪い時は不思議なもんで、いくら飲んでも酔えないことがある。頭では、三杯目あたりでそろそろ酔う描写に入らないかんと思いながら、四杯飲んでも、五杯飲んでも酔えない時があるんですな。落語というのは、実におもしろいもんです』

ここまで考えてるわけです。

だからこそ、「持ちネタはいくつぐらい？」と聞かれたときに、師匠はおもしろい答え方をしています。

自著『六代目笑福亭松鶴――その芸・人・一門――』の言葉が興味深い。

『そら、覚えてる噺は二〇〇ぐらいおまっしゃろけど、ほんまに自信をもってやれる噺となると、そないにぎょうさんあらしまへんさかいね。

「これ、聴いとくなはれ。きょうの入場料のぶん、この噺を聴いて帰っとくなはれ」というのは、まあ四〇ぐらいのもんだっしゃろな』

松鶴師匠で四十なら、わてはいくつやろか？

真剣に考えてみたことがある。結論は……内緒にしておきます。

三代目桂春団治　撮影：大西二士男

米朝師匠から直筆の返事

私が深夜放送の『オールナイトニッポン』をやっているとき、毎週一万通を超すお便りをいただきました。それを読んで、番組で使うものをセレクトするのはディレクターの仕事。彼とスタッフで読んでいたのですが、それでも番組が始まるまでに全部の葉書に目を通すのは不可能に近かったといいます。

実は、時間切れで読まれなかった葉書のほうが多かったらしい。投稿するリスナーにしたら、自分の葉書が一度も目を通されずにいたのだから、これほど悲しいこともありません。私の番組のことなので、この場を借りて、改めてお詫び申し上げます。

今はメールの時代ですが、以前は葉書で暑中見舞い、残暑見舞いを出すのが定例でした。私たち噺家も、例外ではありません。

桂米朝師匠に一番しくじったのは、そんな年賀状でした。

芸人の場合は、宛名に「師匠」「先生」「様」と、どれを使うか区別をしなければなりません。毎年100通ぐらい出していましたので、名前だけを書いて後で敬称を書くことにすることが多い。あるとき、ついうっかりして、宛名に「様」などが書いてない葉書を弟子が間違って投函してしまいました。

どうなることかと心配していたら、年が明けてすぐに米朝師匠から直筆の手紙をいただきました。

「いくら偉くなったからといって、先輩に呼び捨ては失礼です。今後は気をつけてください」

もう冷や汗もの。ところが、そういう指摘をいただいたのは、米朝師匠ただ一人。あとは誰からもクレームがきません。

ということは、誰も私の年賀状を読んでなかった……。年賀状というものは、そんなものなんでしょうね。

米朝師匠、あのときはすんまへんでした。今でも思い出すと、脇から汗がタラタラ～。

わても映画出演したで

私が初めて出た映画は『好色元禄㊙物語』。昭和五十（一九七五）年のこと。ウルトラセブンのひし美ゆり子さんがヌードになる、と大評判の映画でした。もちろん、成人指定です。私は絵描きの役で、その当時話題になった潮吹きでお馴染みの女性が潮を吹いて、私がタライで受けるという役。

まだ若い監督で、

「何で僕を選んだんですか」

「君は笑福亭、潮吹く亭や」

わしは洒落で選ばれたんか？

次に来たのが『東京むれむれ夫人』で、これも成人指定映画。

こんなんばっかりや。

ヘリコプターの操縦士役。まず電車の中で主役の女性に痴漢。再びめぐり逢い、調布の飛行場でラブシーン。夢中になってるうちに、ヘリコプターが勝手に飛びかけた。ズボンを履きながら、後を追いかける。

主演女優が微笑みながら、

「あら！　行っちゃったのね」

ジ・エンド。何ちゅう映画やぁ～。


続いて、日活ロマンポルノ『奥様はお固いのがお好き』。

この三作で、わしの色は付いたな。主演は五月みどりさん。他は現役大学生。私は下宿にいろんな物を配達に来る御用聞きの店員という設定。

まぁ、私は息抜きに使われたんやな。就職祝いに、みどりさんのアンダーヘアーを抜かしてもらう役。

スカートの中へ顔を入れると、何と下着なしのスッポンポン。思わずNGを出しました。

二回目は意を決して、抜いたヘアーを口にくわえて、

「マンマンちゃん・アン」。


これには、こんな話もあるんです。

ざこばさんが席亭を務める「動楽亭」という寄席に、正月に出させてもらったときのこと。

早めに行って、懐かしき初高座の新世界「新花月」跡を見学してブラブラしてると、さびれた映画館。

何を上映してるのかなと見たら、ななんと『奥様はお固いのがお好き』。

主演五月みどり、笑福亭鶴光。

うわぁ、やはり作品は選ぶべきやった。


その新世界の近くに、あいりん地区という場所がある。東京では、山谷がそうですな。俗に釜ヶ崎と呼ばれるところ。

『釜ヶ崎人情』という歌もヒットしましたが、その近くに先輩の噺家たちと泊まった女性講釈師。

夜、コンビニに水を買いに行った帰り、男がファスナーを下ろして立ってた。

「きゃぁー」と悲鳴を上げて、泊まってる所へ一目散に逃げ帰った。

先輩の落語家に、

「師匠、ここはどういう所なんですか」

涙目で訴えると、その噺家がこう言いました。

「そういう所やね」

監督がわてを起用する理由はまちまち

その後に『トラック野郎』という東映の大ヒット映画から声がかかりました。鈴木則文監督に初めて会いまして、じんわり起用の理由を聞くと、即答。

「君がオールナイトニッポンに出てるからや」

やっぱりね、そうだろうね。演技力より宣伝力。妙に納得。

撮影は九州博多の繁華街。私はポルノ雑誌を売ってる行商人。ヒロインあべ静江さんに主役の菅原文太さんが本をプレゼントするので、買いに来る。そこで私がポルノ雑誌を勧める。怒った主人公が私を殴る。そばにあった看板に首を突っ込んで終い。

ロケ地は、撮影を一目見ようと黒山の人だかり。観客は口々に、

「文太、文太、文太さん」

と声援を送る。たった一人だけ肉体労働者風のおじさんが、

「鶴光！」

「うれしいなぁ、何ですか?」

「そこをどけ、文太が見えん」

おかげさんで監督にはまり、『トラック野郎』シリーズに四本出させていただきました。これを機に普通の映画が来るかと思うたら、次に来たのがVシネマ。喜多嶋舞主演の『卍舞』。舞さんが初めて脱ぐという作品。私は好色な金持ち爺とナレーション。変な組み合わせや

佐々木希映画初主演『天使の恋』という映画から依頼がありまして、監督が寒竹ゆりさん。二十六歳の監督。

このときも聞きました。

「監督は、僕のこと知らんでしょう」

「はい」

「何でこの役を?」

「実はプロデューサーが是非、鶴光さんに頼めと」

その役は、女子高生に援助交際を迫る不動産の社長。なるほど、これも納得。

ドラマにも出ました。

刑事ものでパンツ泥棒の役をやらせていただきました。私が女性のパンツを盗んで逮捕され、カバンの中身を調べると、男物のパンツ。そこで一言、

「わて、こっちの趣味もおますね」

このアイデアを出すと、監督大喜び。次回の刑事ものも、この監督から声がかかりました。その役は、再びパンツ泥棒。

一時期『パンツ泥棒の鶴光』と呼ばれ、いまはある女芸人がなぞかけで、「マスクとかけて鶴光さんの男性自身ととく。その心は、長方形（超包茎）」

いまでは「長方形の師匠」と呼ばれてます。

こらあ、変なイメージつけるな！


ドラマ『夜明けの刑事』では、坂上二郎さんと共演しました。

休憩時間には自分のキャンピングカーの中で、コーヒーを御馳走してくださったんです。

やはり、苦労して下積みからたたき上げてきた人は、他人に対する思いやりがある。

その点、ひどかったのはドリフの映画『正義だ！　味方だ！　全員集合』です。

十一月、横浜の埠頭――。

寒い夜、撮影車の中で待ってると、関係者が来て、

「長さん（いかりや長介）も寒い中、頑張ってるんだ。みな、表へ出て、自分たちだけ温まれば良いってもんじゃない。さぁ表へ出て」

まるで高倉健さんのようなエピソードですな。

ゲストに対して、思いやりのかけらもない。おかげで風邪ひいたやないか〜。


岡田准一さんが主役の財前五郎を演じたドラマ『白い巨塔』（テレビ朝日系）に、工場長役で出演しました。それまで経験した役といえば、エロ本屋の店長やコンドーム販売員だから、これは大出世や。

部下の嫁が医療ミスの鍵を握る看護師で、主人公財前五郎の義父役の小林薫さんと弁護士役の山崎育三郎さんと絡む役どころ。五夜連続のドラマのワンシーンとはいえ、それなりに存在感が示せそうだと思っていました。

ところが、リハーサルでいきなり鶴橋康夫監督の怒声が飛んだ。

「何やってるんだ！　台本、読んでないのか‼」

あろうことか、てっきり小林薫さんが弁護士やと思い込んで演技したのだから、怒られても当然といえば当然か……。でも「台本、読んでないのか」言われても、出番のシーン

のところだけしか読んでいません。監督もちゃんと説明してくれればいいのに、と思ったけど、後の祭り。

出番が終わってからも撮影を見とったら、役者はやっぱり違うわ。わてら噺家は、相手と会話を重ねていくのは苦手なんやね。同じセリフを何十回も練習すると、それだけで疲れてしまう。

役者はリハーサルすればするほど上手くなるんやろうけど、噺家はやればやるほど下手なっていく。悲しい性ですわ。

どうも納得いかず、監督に聞いてみた。

「なぜ、わしを起用したの？」

監督、何食わぬ顔して答えた。

「小林薫と鶴光が同じ画面の中にいるのを見たかった」

なんや、それ？

わては遊ばれとるのかいな……。

小学生にもわかる落語とは？

『学校寄席』と呼ばれる、中学校や高校の生徒に落語を披露する仕事が入ってきました。小学校の教科書に『寿限無』という落語が載ったんですな。その影響で小学校、中学校、高校と、芸能鑑賞会という名目で噺家の需要が増えた。

これはありがたいのですが、小学生に落語がわかるのかな？　大人でもわからない人がおるのに。

最初、東京の噺家と合同公演。初めに校長先生の挨拶がありまして、みなそれぞれ特徴があります。

「きょうは私の大ファンの鶴光師匠が来てくれました。もう感激です。まぁ、みなさんにとっては興味のない方ですが……」

それは余分やろ。

その校長先生が楽屋に訪ねて来て、もう少年のような眼差しで、

「いやぁ昔、深夜放送をよく聞いてました。中学のとき　校長先生が『君たち、この頃オールナイトニッポンというものをよく聞いてるらしいが、まぁ止めなさいとは言いませんが、

土曜日の鶴光だけは聞かないよう』にと名指しで言われてましたよ。ハハハハ」

あんたもいま、校長や。


松鶴師匠も『学校寄席』に行ったことがあります。

担任の先生が、

「本日は上方落語の大御所、名人笑福亭松鶴師匠が当校に来てくれました。私は落語が大好きで、きょうもこうして『米朝落語大全集』を持ってまいりました。後で松鶴師匠に、この本へサインをいただきたいと思います」

師匠が吐き捨てるように、

「誰がするかい」

落語のまくらで、

「八っつあん、熊さん、ご隠居さん、人の良いのが甚兵衛さん、馬鹿で与太郎なんてのが出てまいります」

それまでシ～ンとしてた学生が「わぁ～っ」と笑った。後で聞いたら、そこの校長の名前が鈴木与太郎さんだったそうです。

そうかといえば、こんなこともありました。

目の御不自由な生徒さんの前で講演して、何を思ったのか、終わった後に校長先生にギャラを全部渡して、

「これで机のひとつも買ってください」

気分よく家に帰ってくると、あ～ちゃんが、

「あんたのしたことは素晴らしいけど、今月の家賃の支払いどうするの？」

「しかし、可哀そうな人をほっとけるか？」

あ～ちゃんが一言。

「わての方がよっぽど可哀そうやわ」

小学校の教科書に載った『寿限無』

この『寿限無』というお話には、いろいろ教訓が入ってます。

ある池で五、六人子どもが遊んでた。一人が誤って池に落ちたら、

「えらいことや。友達の良夫君が池に落ちた。助けて〜」

大人が駆けつけて、助けてくれる。ところが『寿限無』になると、そうはいかん。

「えらいことや。友達の『寿限無　寿限無　五劫《ごこう》の擦り切れ（本当は擦り切れず。上方落語では擦り切れん）海砂利　水魚の　水行末　雲来末　風来末　食う寝る所に住む所　やぶらこうじぶらこうじ　パイポ　パイポのシュウリンガン　シュウリンガンのグーリンダイ　グーリンダイのポンポコピーのポンポコナーの長久命の長助』が、あ〜溺れてしもうた」

この名前を先輩がこう解説してくれました。

「これは非常にお目出度い言葉で、まず寿限無――寿には命、生命というのが含まれてる。だから命に限りがない不老不死。五劫――天女が三千年に一度下界へ降りて来て、岩を袖で撫ぜて、この岩が擦り切れてしまうのが一劫。これが五劫ともなると、とてつもない長

い時間。海砂利、水魚、海の砂、水の中の魚は取りつくせない。雲来末、風来末——雲の行く末、風の行く末は、非常に広大無辺。何事も変わらずに幸せが続きますように、という願い。食う寝る所に住むところ——人間一番大切なのは衣食住。やぶこうじという植物は生命力が強い。昔、パイポという国（落語の中の架空の場所）にシュウリンガンという王様とグーリンダイという御妃、ものすごく夫婦仲が良かった。この二人にできたお姫様が、ポンポコピー様とポンポコナー様。両方とも頭脳明晰《めいせき》。長久と長命、合わせて長久命。親を長く助ける長助」

つまり、この話が言いたいのは、

「人間という者は完璧は駄目ですよ。全知全能は神のみ。少し欠点があった方が、人として魅力がありますよ」

この『寿限無』は、落語の基礎とされてます。

これは東京も上方も同じ。もっとも、大阪は物知りの甚兵衛さんが教え、江戸はお寺の住職という違いはあります。

この頃は『にほんごであそぼ』というテレビ番組の影響で、子どもはみな言えるそうですな。

「芸道に行き当たったら、もう一度『寿限無』からやり直せ」

肝に銘じなあかん。


昔はお坊さんが一般の人にいろいろ教え、家庭ではお年寄りが孫やその友だちに面白おかしく、人生の生き方を教えた。

囲炉裏端に子どもを集めて、昔話をしました。昔話には教育で教えない人情、愛、礼儀……いろいろな要素が詰まってます。

囲炉裏がなくなり、囲炉裏話も消えた。

両親との同居が、孫におとぎ話を添い寝しながら聞かせた。私もお爺ちゃんに聞いたおとぎ話、いまでも覚えてます。


秋の終わりころ、木の上で　栗が「寒い寒い」と震えてまして、横におった柿が、

「何を言うとるね。お前はいが着て渋着て皮着て、何が寒い。わしなんか皮一枚じゃ」

言うたら、下から松茸が、

「わしはふんどしもせんと、丸裸じゃ」

この話を聞かされたのが、下ネタへの第一歩やったかも。

出物腫れ物ところ嫌わず

東京の噺家が『学校寄席』で必ず演じるのが『転失気《てんしき》』というお話。

医者が、体の調子が良くないお寺の和尚さんを診察した後で、

「転失気はございますか？」

と聞かれて、知らんとは言えない性格のこのお住持、

「いいえ、ございません」

と答えた。そこで、小僧の珍念に聞きにやらすと、先生は、

「傷寒論という書物に出て来るな。まろび気を失うと書いて、転失気。つまり放屁、おならのことじゃ」

と教えた。珍念、いたづら心を出して、和尚さんには「盃」と教えた。

明くる日、先生がお見舞いに来ると、
坊さん「昨日、転失気はと聞かれ、あのときは御座いませんと答えましたが、調べてみると、ございました。早速、ここでご覧に入れます」

先生「いいえ、それには及びません」

戸惑っている先生。そんなことはお構いなしに、
坊さん「珍念、転失気を持って来なさい」
持って来た桐の箱の中を、先生が覗くと、真綿でくるんだ何かがが入ってる。恐る恐る取り出してみると、これが見事な盃。医者も驚いて、
先生「転失気とは、我々の世界ではおならのことを申しますが、お寺では盃のことを転失気と呼びますか」
聞いたお坊さんもビックリしたんですが、何とかその場を取りつくろうとして、
坊さん「寺方では、盃のことを転失気と申します」
先生「どういうわけで？」
坊さん「両方とも（鼻をつまんで）つまみが要ります」
もしくは、
坊さん「すかしもあります」
他には、
先生「小僧さん、和尚をからかって、良心が痛みませんか？」
小僧「えぇ、屁とも思いません」
先生「いつ頃から、転失気と言うようになりました？」

坊さん「相当昔から」
先生「奈良時代ですか?」
坊さん「お〜なら、へえ〜あんじだい」
この話にはサゲがいっぱいありますが、この平安時代がよく使われてます。

おならが出て来る古典落語『牛ほめ』。

そして『三人旅』には、馬よりすごい屁をする旅人が出てきます。

よく使われる古い話。

浅草の浅草寺に泥棒が入りまして、これを見つけた門番の仁王さまが、首筋つかんで投げつけて、大きな足でぐっと踏むと、お腹を下してた泥棒が「ぷ〜っ」とやった。

すると仁王様が、

「くせえもの(曲者)め」

すると泥棒が、

「へへ、匂うか(仁王か)」


米朝師匠が寄席でよくやってたのが、ケチのまくらで、

「お前、どんな物でも受け取るか」

「世の中に無駄な物はない。何でも受け取る」

「ほな、屁やろか」

「屁？　屁くれるか。もらうで」

「ほな、後ろへ回れ」

こいつを手で受けて、自分の畑までやって来て、そこで初めて手を広げて、

「ただの風よりましやろ」


地震の小噺も何回か聞きました。

新婚さんが寝てると、夜中に奥さんの方が可愛らしいのを漏らした。

「まぁ、えらいことしたわ。いまの音、この人に聞かれてたら、どないしよう？」

ない知恵しぼりだして、旦那を起こします。

「ちょっと、あんた、いま地震あったの知ってる」

「え〜、地震があったんか？　よく寝てたから知らなんだ。それは屁の後か先か？」


松鶴師匠もやってました。

「日出夫ちゃん、お母ちゃん、あんたに頼みがあるね」

「お母ちゃん、改まって僕に頼みて何や？」

「いまから親戚のおばちゃん所へ行くねんけど、お母ちゃん、お腹の調子が悪いの。向こうでお辞儀した拍子に、おならが出たら恥ずかしいやろ。そのときは『おばちゃん、ごめん』と、あんたが謝ってほしいの」

「嫌やがな。お母ちゃんがおならしたのに、何で僕が謝らないかんね」

「その代わり、ただやない。あんたに百円あげるさかい」

子どもを百円で買収いたしまして、親戚の家へやって参ります。

「まぁ、おばさん、お変わりおまへんか。ご無沙汰いたしております」

と頭を下げると、ぶ〜。

「まぁ、この子は何ちゅう行儀の悪い。おばちゃんに謝りなはれ」

「おばちゃん、ごめん」

「まぁ、よろしいがな。出物腫れ物ところ嫌わず。まして、お子さんのこと」

「いいえ、ほんまに仕付けが行き届きませんで、すんません」

もう一度頭を下げると、また、ぶ〜。

するると子どもが、

「お母ちゃん、二つ百円やったら、安いでぇ」

芸者さんは、人前では絶対におならができない。

では出そうになると、どうするか?

チリ紙を出して、お尻から出たおならを上手に包み込んで、

「まぁ、よかった。上手いこといったわ」

と、その紙をポイと捨てると、それが柱に当たって、プ〜。

先人たちのすごさに学ぶ

「日本人が好きな俳優は？」

この問いに、芸人が答える人物はだいたい三人です。チャップリンとハロルド・ロイド、そしてバスターキートン。三大喜劇王と言われた方。

この方々、主演・監督・脚本・プロデューサー・作曲と、まさにいまでいうマルチタレント。

このチャップリンの気分になってたのが、漫才の鳳啓助さん（元の奥さんで生涯相方を務めた京唄子さんがそう言うてました）。

脚本家としても活動しており、志織慶太という名前で芝居も書いてました。

ラジオの収録の本番前に、漫才の台本を啓助さんがその場で書き、それを唄子さんが読んで、そのまま客席を爆笑させる。

こんなことができたのは、噺家では柳家金語楼師匠ただ一人。

戎橋松竹（ここの支配人が後の松竹芸能の社長勝忠男）に出演した金語楼師匠。昼の部に出て、お客様から三つお題をいただいて、それから夜の部までに京都で映画を二本撮り、帰って来て先ほどの三題（いわゆる三題噺）でもって大阪のお客様を大爆笑さした（故春風亭柳昇師匠の証言）。

まさに天才ですな。

いま東京でやられてる新作は、ほとんどが金語楼作（ペンネーム有崎勉）。私も『ラーメン屋』という落語をやらさせていただいております。

温故知新、先人たちにもう一度、感謝の念を持たないけませんな。いまの我々のやってる小さいこと、猛反省。

落語も良い面を残して、少しずつ進化していきます。

師匠がいつも飲む酒

松鶴師匠は酒好きでしたが、実はお酒がそんなに強くありません。

『松鶴十三夜』という十三日間毎日の独演会でのこと。スポンサーが白鶴酒造。

千秋楽の最後の高座。お得意の『三十石』をたっぷり。

途中、お酒が出てくる下りがあるので、スポンサーに気を使ってアドリブを入れた。

「やっぱり、酒は白鷹でんな」

ナニ～、白鶴やろ。社長も重役も来てるねんぞ～。

客席が「何を言うんや」と笑ってザワついたら、その笑いを受けたと勘違いした上方落

昭和54(1979)年1月「松鶴極つき十三夜」の振る舞い酒　撮影:後藤清

語協会の大御所、もうひと押しする。

「みなさん、お酒は白鷹でっしぇ」

アホやがな。

私と後輩とで、酒造メーカーの方々に平謝り。

「すんまへん。年取って、少しボケが来てまんねん」

そこへ松鶴が顔出して、

「すんまへん。つい口が滑って、家ではいつも白鷹飲んでるもんですから」

もう一度押してどうするね。

おやっさん、それは謝罪になってまへんでぇ〜。

もう向こう行け！　と思いましたよ。

わては黒ネズミでっか？

松鶴師匠も映画や舞台、高座と仕事が増えて、お金が貯まるようになりました。

その前の貧乏時代のこと。師匠の家に泊めてもらって、朝起きて挨拶に行くと、師匠が布団の上でお金を数えてます。

「夕べ、あそこでこれだけ使うて、向こうではこれだけ。最後の店で使うたのは？　おかしい一万円札が一枚足らん」

そこへ倅《せがれ》さんが入って来るのを見ると、

「おい息子、お前わしの財布から一万円盗ったか」

「お父さん、自分の子どもが信用できんか？」

「あ〜ちゃん、お前か」

「自分の嫁はんを泥棒扱いするのんか」

「そうやな。身内はそんなことはせんな。ほな、うちで他人は誰や？」

と、私の方を向いた。あの目でにらまれたら、誰でも目線をそらせて下を向く。

すると師匠が低い声で、

「みなな、気をつけよ。このあたりに頭の黒いネズミがウロウロしとるぞ」

濡れ衣やぁ〜。

東京へ上京して間もない頃の鶴光

自分の車にはねられた!?

除夜の鐘が突き終わった頃、浪曲の名人で先代の京山幸枝若先生の家に松鶴師匠がやって来て、ガラッと戸を開けるなり、

「おめでとうさん」

喜んだ先生が、

「うわぁ、正月早々、松に鶴やなんて、縁起がええなぁ。何ぞ用事か?」

「金貸して」

断れんようにする名人でもありました。


九州では焼酎を一升空けて、そのままホテルで水風呂へ。それで心臓麻痺を起こして、救急車で病院に運び込まれました。

回復して帰って来て、弟子を集めた「あの世からの生還祝い」をやった。

「わしは運が強い。きっと立派な守護神が付いてるんや」

また、その晩、大酒飲んで、もう一回水風呂にチャレンジして、また倒れた。

ほんまに懲りん、お師匠様。

うちの師匠は、死ぬような目に何度もあっています。

一度など、車にはねられたことがありました。道に倒れ込んだ師匠の眼に、走り去る車のナンバーが……。それが、自分の車と同じ。なんと、以前に盗まれた自分の車という、ありえんような偶然。

たまたま通りかかった弟子が、倒れている松鶴師匠を発見。

「師匠、大丈夫ですか？」

「大丈夫や」

「足から血が出てまっせ？」

「血が出るということは、生きている証拠や。この程度のことは平気や。わしは何千発というタマの下を潜り抜けて来たんや」

そういえば趣味の一つがパチンコでした。

『彦八まつり』と六代目松鶴との深〜い関係

上方落語協会が年に一度開催している『彦八まつり』ちゅうイベントは、我が師匠の六代目笑福亭松鶴と深い関係があります。

彦八とは、上方落語家の米澤彦八のこと。軽口噺の達人で、近松門左衛門『曽根崎心中』にも登場する。

京落語の初代露の五郎兵衛、江戸落語の鹿野武左衛門とともに、「落語の祖」とされています。武左衛門も上方出身やから、みんな上方ちゅうことになるわな。

その彦八の名を後世に残すために、平成二（一九九〇）年、彼が活躍した生國魂《いくくにたま》神社の境内に「彦八の碑」が建立しました。

その翌年より、この碑を上方落語の象徴として、上方落語家が一堂に会する『彦八まつり』が始まったわけや。

そもそも、昭和六十一（一九八六）年九月五日、うちの師匠が入院先の大阪警察病院で亡くなったんやけど、息を引き取る直前、

「彦八の碑を建てろ」

と遺言したといわれとるんや。

わてはその前後にずっと病院におったんやけど、そんなこと言える状態やなかったで。危篤のときも、誰もおらんかった。

そやから、彦八の碑のことは、誰も聞いてへん。

「お前、聞いたか？」

「いえ、知りません」

「聞いたのは、誰やねん？」

誰も真相を知らない。それでも、祟られても困ると思うて笑福亭松鶴一門の総意で「作ろうやないか」ちゅうことになりました。

それから三年間、わしら松鶴一門が毎日のように落語会を開いて、なんと八百万円をためて、松鶴の五年忌に高級な御影石で「彦八の碑」を建立したんや。

土地は、生國魂神社が無償で提供してくださった。土地代も入っていたら、絶対に建てられんかったやろな。

翌年の九月五日、六代目松鶴の命日にちなんで、第一回目の『彦八まつり』が始まったんや。以後、九月の第一土曜日と日曜日の二日間、落語会や演芸バトル、おもしろ屋台も出るファン感謝デーとして開催されています。

かつては二日で十一万人も集まったこともある。普段はおねりという形をとるんですが、横山ノック府知事時代には、御堂筋で噺家を乗せたオープンカーを走らせたこともあった。

わてら松鶴一門が立てた『彦八の碑』には『寄贈　桂米朝　桂春團治　桂小文枝』と印刻されとる。この三人は松鶴師匠とともに「上方落語界の四天王」と讃えられた方々やけど、実は何もしていない。

わてらのことは、ちっこい字で『笑福亭仁鶴を筆頭とする一門がその遺志を継いで建てた』とあるだけ。誰も読まん。

なんでや⁉　みんなで文句言うてたで。

このことを東京のある大御所の噺家に話したら、

「実際にやった人間のことは、伝わらない。歴史というのはそういうもんだ」

と言われて、思わず納得しました。

師匠が永眠した日

我が師匠・松鶴の最後の言葉には、諸説あります。

師匠をモデルに映画化もされた、中島らもさんの小説『寝ずの番』には、虫の息になった師匠が、

「おそそが見たい……」

とつぶやくシーンがあります。おそそとは、京都弁で女性器のことや。いかにも師匠らしいエピソードやけど、師匠なら「おそそ」ではなく「おめこ」と言うはず。ホンマは昏睡状態になる前に、

「ババしたい……」

言うたのが最後の言葉や。ババとは大便のこと。これも、実に師匠らしい話や。


そういえば、こんなエピソードがあります。

三遊亭楽太郎（故六代目三遊亭圓楽）師匠と松鶴師匠と私が、テレビの料理番組に一緒に出演したときのこと。アナウンサーの女性が、

「鶴光さんが作ったお好み焼きはどうですか?」

と聞くと、松鶴師匠は間髪入れず、

「それ、ババが入ってまんね」

「えっ? これ、ババが入っているんですか?」

と、女性アナウンサーがまじめに聞き返したものだから、もう楽太郎師匠も私も笑いをこらえるのに必死でした。それでも我慢できず、二人して笑いこけることに。

女性アナウンサーは「ババ」の意味がわかっていなかった。当たり前ですな。テレビ番組で堂々と「うんち」なんて言う人がいるとは思わないからね。


実際、昏睡状態になってから、わしらは交代で「寝ずの番」をしました。病院の廊下にあった車椅子で仮眠してたら、ちっこい声で、

「鶴光さんもまだ若いのに、かわいそうに」やて。

昏睡から五日目、病院前のラーメン屋で食うとるときに、

「早う来い」

と連絡があった。走った走った……。

師匠の父親の五代目松鶴が亡くなる直前、師匠が脱脂綿に含ました酒で口を湿らせたら、

顔が赤くなったて聞かされていたんで、わしも真似しようとしました。

と、奥さんのあ〜ちゃんが、

「アホちゃうか。もう亡くなってるんや。だいたい、うちの父ちゃん、酒が嫌いやちゅうの、あんた、よう知ってるはずやろ」

と怒られた。実際、師匠は、家では酒を飲まなかった。外では「豪快に遊ぶ松鶴」を演じてたんや。

通夜にいらした藤山寛美さん、テレビカメラが並ぶ中、

「これを師匠に」

と、越乃寒梅の特級をわしに渡してくれました。それも一本ではなく、何十本でっせ。

師匠の奥さんも、

「嬉しいわ」

と言うて、みんなで日本酒を飲みだす。酒を飲まない仁鶴兄さんまで飲んでいました。

気ぃついたら、一本しか残ってへん。

師匠の同級生の何人かが持ち帰りよったんやて。なんや、それ!?

『煩悩を我も振り分け西の旅』

「世間では米朝を持ち上げてるが、あいつとわしとではラベルが違う」

前にも書きましたように、これは「レベル」の間違えですが、それほど良きライバルやったんですな。

松鶴師匠が亡くなる少し前、見舞いに来られた米朝師匠に、

「あとはあんたに任すで」

と言うたそうです。やはり一番認めてた噺家やったんやな。


師匠松鶴が亡くなったのは、昭和五十一（一九八六）年九月五日。享年六十八。

師匠の形見で、私がいただいたのは羽織の紐一本だけ。形見分けの席に遅れて着いたとき、これしか残ってませんでした。

あとで聞いたら、わしに知られんよう、みんな布団の下に袴や羽織を隠してたんやて。

奥さんがあとで、

「大島紬がない。あれだけは残しといたんや」

と騒いでました。なんでも、すごく高価なものだったらしい。誰が持って行ったんやろな。黒いネズミがもう一匹、おったんや。

私は大阪・天満天神繁昌亭では、必ず形見の羽織の紐をつけて高座に上がります。

師匠の父・五代目笑福亭松鶴の辞世の句は『煩悩を振り分けにして西の旅』。これを使って、六代目松鶴師匠も辞世の句を呼んだ。

『煩悩を我も振り分け西の旅』

ものの見事に父の句を真似ています。

私は臨終に間に合いました。

最後は電気ショックを与えてましたが、ダメでした。

もう入院中は弟子と看護師との区別がつかず、傍若無人。

見舞いに行くたびに、

「あんなわがままな患者、初めてです」

とよくぼやかれ、その都度謝りました。

もう弟子として謝るのは、慣れっこになってました。

いまはもう、弟子として謝ることがありません。


上方落語家を三百人近くに増やしてくれた松鶴師匠、さようなら。

天満の繁昌亭を楽しみにしていた松鶴師匠、さようなら。

最後まで新築の家に住まなかった松鶴師匠、さようなら。

酒飲みの割には酒が好きやなかった松鶴師匠、さようなら。

自分で思うほど女性にもてなかった松鶴師匠、さようなら。

僕のおやっさん、さようなら。


お葬式は、東西の知人でいっぱい。出囃子の舟行きで、あの世へ旅立ちました。

いまごろ、五代目さんと親子会。

客席から、こんな声が聞こえてきそうです。

「待ってました、六代目！　たっぷり！」

おやっさん、時間はたっぷりおまっせ。

最後に私の弟子たちを！

学光《がっこう》――ずっと大阪で頑張っている筆頭弟子。腹話術もこなす芸達者な噺家です。東京の弟子たちが大阪の寄席やホールに出演できるのは、この兄弟子のおかげ。大阪のことはすべて任せられる、頼りになる弟子です。名付け親は、漫画家のはらたいらさん。良き飲み友達でしたが、肝臓がんで六十三歳という早い旅立ち。

里光《りこう》――東京の最初の弟子ですが、故郷関西に光をという意味で里の光、里光と名付けました。桂文我さんのところにいたそうですが、ひと月も持たず私の所へ。厳しく教えたのは、膝にキチンと両手をそろえて綺麗に見せること。弟子入り志願の審査委員長で、弟弟子に慕われてる親分肌の咄家。

和光《わこう》――生まれも育ちも関東の神奈川県。平和の光という思いで、和光としました。上方の言葉がどうしても訛る。でも、それがいつの間にか、独特の味になってきました。やはり、本人の努力は大変やったと思います。ちなみに、銀座の和光時計店や和光市とは何の関係もありません。

羽光《うこう》――大阪高槻市の出身。爆裂Qというコントグループでマニアックなファンもたくさんおりました。桂枝太郎もその一人。十六年やった後、三十歳後半で私の元へ。前座のときに、ナイツにお茶を持って行ったら「兄さんやめてください」と恐縮されたとか？ 令和二（二〇二〇）年、新作が認められ、ＮＨＫ新人落語大賞をいただきました。他の賞は、私が教えた落語『鼓ヶ滝』『紀州』でもらいました。

竹三《ちくざ》――明光から二つ目で改名。私が師匠から継げと遺言に書いてあったのは、笑福亭竹我（ちくが）。その竹を与えました。元アニメの会社にいた経歴の持ち主です。竹三流の落語感も持っており、これからが楽しみ。真打になる日も近い。

希光《きこう》――吉本新喜劇出身。漫才を経て、鶴光一門に。これは新幹線ののぞみとひかりのように飛び出せ、という意味から命名。母親がバイオリンの先生で、子どもの頃からやってるので、なかなかの腕前。落語もそれに追いつくように。

茶光《さこう》――元々ヒカリゴケという漫才師。相方が廃業して、私の弟子に。苔は緑でお茶の葉の色をしてるので、茶光。奥さんが漫才師。たまに奥さんと漫才をやらすのですが、これが好評。自分の会で色物がいらない噺家。安上がりでよろしいなぁ。

ちづ光《こ》――鶴光一門初の女性。男の噺家の誘惑に負けないように頑張ってもらいたい。新作の才能も、なかなかのものらしい（羽光情報）。

ちなみに、松鶴師匠はわてのことをどう見ていたのか。師匠が自著で、こう語っています。『うちの笑福亭では、仁鶴の次にくるのが鶴光。これも一時は東京の番組を中心に、大阪のおもろいタレントということで急激に売りだした。現在も噺家というより、やはりタレントとしての評価の方が高い。最近は、古典落語の方も熱心に稽古しているようですが、もう一方では素人を集めて自分の劇団をつくってお芝居をやってみたり、まだちょっと落語以外のものに対する色気が抜けてまへんな。そんな色気が残っているうちは、少なくとも落語を演ずる噺家として一人前にはなれまへん。

ラジオのＤＪをやり過ぎて、いつまでたってもその口調が抜けへんのか、彼の落語を聞いていても、せかせかした感じばかりで落ち着きというものがない。あないせかせかした芸やなしに、もう少しどっしりとした落ち着きを感じさせる芸も、身につけないかん時期にきていると思いますな。年齢的にもそろそろ、上方落語界を背負うていかないかん年になってきている。トリの取れる芸を勉強しなければ、いくら芝居やＤＪがうまくなっても、世間さまからは一人前の噺家とは認めてもらえないと思います。前座の芸とはいいまへんが、残念ながら鶴光の落語は、まだまだトリの取れる芸やおまへんな』

これは、昭和六十一（一九八六）年に発売された本に書かれていることなので、ちょうどオールナイトニッポンのＤＪをやめたころ。落語について、もっとも悩んでいたころで、師匠は私の悩みをちゃんと見抜いてくれはっていたんやね。

その後、四十歳で落語芸術協会に入り、落語をやり直しました。いまのわてを見たら、また違うことを言うてくれるのやろか。

あとがき

笑われないように、生きてくはずが、笑ってもらおうと苦労する。そんな噺家の中で、世間に知られずに消えて逝った噺家の数は、計り知れない。

でも、ドラマになるのは東京では五代目古今亭志ん生師匠、関西では初代桂春団治師匠。

そして、もう一人、ここに名前を連ねてもらいたいのが、我が師・六代目笑福亭松鶴師匠です。

その生き方は、内輪では評判になってるんですが、世間の人はほとんど知らない。そんな生き様をそばで見続けてきた私鶴光が、活字にして残して置きたいと思い、この本を出版することにいたしました。

もちろん、誇張もあります。こうなって欲しいという願望もあります。私と師匠が常に一緒とは限りません。他の弟子の話を鶴光に置き換えてる場面もあります。そこは物語としてご了承くださいませ。

末筆ながら、この本の出版にご協力くださいました飯塚書店の飯塚社長、交通事故から復帰して頑張ってる梶原さん（私の最初の本『かやくごはん』の編集者）、寄席つむぎの藤川陽子さん、マネージャーの長岡君に感謝の念をささげたいと思います。

さぁ、みなさんの心には何が残ったでしょうか。

師匠のこんな声が聞こえてきそうです……。

「こんなしょーもない本出して、鶴光、何さらしてけつかんねん！」

二〇二二年九月

笑福亭鶴光

六代目笑福亭松鶴《しょうふくていしょかく》年譜

「光村推古書院刊『六代目笑福亭松鶴―その芸・人・一門』より転載（没年のみ加筆訂正）」

●大正七年（一九一八）八月十七日
五代目松鶴（当時は二代目枝鶴）を父とし、六代目林家正楽を祖父として、大阪に西区京町堀に生まれる。本名・竹内日出男。

●大正十年（一九二一）・三歳
このころから父の手ほどきで酒修行を始める。

●大正十四年（一九二五）・七歳
江戸堀尋常小学校入学。

このころから毎晩のように友達を引き連れて、近くの京三倶楽部をはじめ、あちこちの寄席通いを始める。

●昭和四年（一九二九）・十一歳
母お浅、弟保孝、祖父正楽が相次いで死去。
このころからおでん屋、串かつ屋などを一人で飲み歩くようになる。

●昭和七年（一九三二）・十四歳

心斎橋の老舗・川口軒へ奉公に上がる。

このころから本格的な遊びをおぼえ、新町をホームグラウンドとし、松島、飛田などへちょくちょく通うようになる。
●昭和十年（一九三五）・十七歳
父が五歳目松鶴を襲名。

この年、十九歳の女性と最初の結婚式を挙げる。
●昭和十三年（一九三八）・二十歳
徴兵検査を機に川口軒を辞める。以後、二十六歳まで定職なし。

夜ごと新町、堀江、南地、今里、松島、飛田、さらには尼崎のダンスホールにまで足を延ばして遊び暮らす。その派手な散財ぶりを憲兵に目をつけられ、徴用に先んじて戦時中は砲兵工廠で旋盤工として働く。
●昭和十九年（一九四四）・二十六歳
空襲が激しくなったため砲兵工廠を辞める。

父のマネージャーとして各地の慰問演芸隊を編成。公演の際は芸名なしで前たたき（前座）として舞台に上がる。
●昭和二十年（一九四五）・二十七歳

九月、長男博（現五代目枝鶴）誕生。
十一月、難波の精華小学校講堂で戦後初の落語会を開催、落語復興に立ち上がる。
●昭和二十一年（一九四六）・二十八歳
初代笑福亭松之助を名乗り、今里の双葉館で初舞台を踏む。
松竹の故白井松次郎会長の肝煎りにより、四ツ橋の文楽座で落語興行を始める。
●昭和二十二年（一九四七）・二十九歳
九月、大阪では戦後初の定席・戎橋松竹が開場。しかし、当時のメンバーは前座も含めて十五名程度のため、メンバー増強に力を注ぐ。
●昭和二十三年（一九四八）・三十歳
松之助改め三代目光鶴となる。

米之助、あやめ（三代目小文枝）、小春（三代目春団治）、小つる、小南陵とともに〝さえずり会〟を結成。
●昭和二十五年（一九五〇）・三十二歳
初めて東京の寄席へ出演。
七月、父五代目松鶴死去。
●昭和二十六年（一九五一）・三十三歳

五代目松鶴の追善興行を挙行。

民間放送が開局し、ラジオ出演が逐次増えていく。
●昭和二十七年（一九五二）・三十四歳
四代目枝鶴を襲名、真打ちとなる。

このころから梅田花月、京都の富貴、名古屋の富士劇場などが次々に開場。

落語隆盛期を迎えて染丸、福団治（三代目春団治）、米朝、三代目小文枝らと力を合わせて弟子の育成に努める。
●昭和二十九年（一九五四）・三十六歳
戎橋日曜会、三越込み型落語会発足。

この年、現夫人寿栄と結婚。
●昭和三十年（一九五五）・三十七歳
ＡＢＣ上方落語会をきく会発足。
●昭和三十七年（一九六二）・四十四歳
六代目松鶴を襲名。
●昭和四十年（一九六五）・四十七歳
大阪府民劇場奨励賞受賞。

●昭和四十三年（一九六八）・五十歳
上方落語協会会長に就任。
●昭和四十五年（一九七〇）・五十二歳
芸術祭優秀賞受賞。
●昭和四十七年（一九七二）・五十四歳
大阪日日新聞社文化碑および第一回上方お笑い大賞受賞。
上方落語協会初の定席・島之内寄席をつくる。
その後数年間に柳笑亭、千里繁盛亭を持つ。
●昭和五十三年（一九七八）・六十歳
大阪市民表彰を受ける。
●昭和五十四年（一九七九）・六十一歳
毎日国際サロンにおいて、六世松鶴極つき十三夜を挙行。
●昭和五十六年（一九八一）・六十三歳
十一月、紫綬褒章受章。
●昭和六十一年（一九八六）・六十八歳
九月五日、入院先の大阪市天王寺区の大阪警察病院にて死去。

笑福亭鶴光（しょうふくていつるこ）

昭和23年1月18日生まれ。大阪府出身。

昭和42年に大阪市立天王寺第二商業高校を卒業後、六代目笑福亭松鶴へ入門。昭和43年2月、大阪新世界新花月にて初舞台。

受賞歴に昭和50年「ゴールデンアロー賞」芸能新人賞、昭和51年「夜のレコード大賞」最優秀新人賞、昭和54年「第15回ギャラクシー賞」個人撰賞。

著書に『かやくごはん』（ベップ出版）、『つるこうでおま!』（白夜書房）など。

ラジオDJとして、ニッポン放送にて「鶴光のオールナイトニッポン」で11年9か月、「鶴光の噂のゴールデンアワー」では16年間パーソナリティーを務めた。

現在はニッポン放送「鶴光の噂のゴールデンリクエスト」（水・木・金）17:30～、J:COM「笑福亭鶴光のオールナイトニッポンTV@J:COM」隔週（土）22:30～等に出演中。

落語芸術協会では唯一の上方真打であり、上方落語協会の顧問も務める。

六代《ろくだい》目《め》松鶴《しょかく》逸《いつ》話《わ》
「鶴光、何さらしてけつかんねん！」

2023年1月10日　第1刷発行

著　者　笑福亭鶴光
発行者　飯塚行男
発行所　株式会社 飯塚書店
〒112-0002　東京都文京区小石川5-16-4
TEL 03-3815-3805 FAX 03-3815-3810
http://izbooks.co.jp
印刷・製本 モリモト印刷株式会社

ISBN978-4-7522-6033-2　Printed in Japan